샤 먼 의   여 행

"페르 아미카 실렌티아 루네(per amica silentia lunae)"는
로마의 시인 베르길리우스의 미완성 작품
「아이네이스」에 등장하는 라틴어 문장입니다.

아일랜드 시인 윌리엄 버틀러 예이츠는 1917년,
그의 나이 52세에,
자기 영혼의 역사를 기록하겠다는 신념으로
특이하고 몽환적인 분위기의 산문집 한 편을 완성합니다.
그리고 이 산문집을 'Per Amica Silentia Lunae'라는 제목으로 출간합니다.
이 라틴어 문장을 번역하면 '달의 친절한 침묵 속으로
(through the friendly silence of moon)'라고 표현할 수 있습니다.

페르아미카실렌티아루네는 줄여서 '페르아미카'로 부릅니다.
도서출판 페르아미카는 독자분들과 함께
기쁜 마음으로 불확실한 삶을 견디는
지혜를 나누고 싶습니다.

샤먼의 여행 : 입문자를 위한 안내서

SHAMANIC JOURNEYING

SHAMANIC JOURNEYING

샤먼의 여행

입문자를 위한 안내서

산드라 잉거만 지음 & 이경인 옮김

페르
아미카
실렌티아
루네

차 례

Preface

서문

많은 사람들이 "샤먼(shaman)"이라고 하면, 신비한 지식과 능력을 갖춘 영적 치유자를 떠올린다. 그런데 1980년대 뉴욕 브루클린 출신의 평범한 소녀였던 내가 어떻게 샤머니즘에 발을 들이게 된 걸까?

1980년 당시 나는 캘리포니아 통합연구소에 다니며 상담심리학 석사 학위를 준비하고 있었다. 학비를 마련하기 위해 일주일에 60시간을 일하고 있었는데, 한 학기에 무려 12학점을 수강하고 있었다. 나는 쉽게 학점을 딸 수 있는 과목을 찾아 다녔다. 그러던 어느 날, 학과 사무실에 앉아 있었는데 한 친구가 들어오더니 샤머니즘(shamanism)이라는 낯선 주제로 주말 특강이 있다고 전해주었다. 그리고 특강을 진행하는 강사가 코네티컷에서 비행기편으로 도착할건데, 특강 내용은 잘 모르겠지만 쉽게 2학점을 딸 수 있을 거라고 이야기했다. 그 말을 들은 나는 필수로 읽어야 할 교재가 얼마나 많은 지도 보지 않고 그만 수강 신청을 해버렸다. 공교롭게도 특강 날짜는 1980년 할로윈이었다.

코네티컷에서 온 강사는 알고 보니 마이클 하너(Michael Harner)박사였다. 하너 박사는 유명한 인류학자로 『샤먼의 길 The Way of the Shaman』을 집필한 저자였으며,

현대 서구 사회에 '샤먼 여행 Shamanic Journey'의 전통을 부활시킨 장본인이었다. 그는 샤먼 여행의 전통을 가르치고 이를 서구 사회에 전파시키는데 결정적인 역할을 했다. 그에 따르면 지리나 문화적 차이에도 불구하고 샤먼의 여행은 인류 역사 전반에 걸쳐 모든 샤먼 집단과 문화 속에서 발견되는 보편적인 전통에 해당한다.

샤먼 여행을 하면서 샤먼은 현실의 시공간을 벗어나 변성의식 상태로 들어간다. 카를로스 카스타네다(Carlos Castaneda)는 이 상태를 비일상적 현실 상태(non-ordinary reality)라고 명명했는데, 이를 평행우주라 불러도 무방하다. 샤먼은 규칙적으로 반복되는 타악기 소리를 들으면서 자신의 영혼이 비일상적 현실 상태에 들어가는 체험을 한다. 이처럼 특수한 의식 상태에 들어간 샤먼은 그곳에만 존재하는 자신의 보호령(helping spirits)과 만나는데, 샤먼은 이 보호령을 통해 자신의 환자나 가족 그리고 공동체에 필요한 지혜와 치유의 능력을 전수받는다.

이 특강에 참여하며 나는 오늘날 누구든 이 샤먼 여행을 통해 인생의 다양한 문제를 해결할 수 있을 거라는 확신이 들었다. 지극히 개인적인 문제에 대한 해답은 물론, 이전과 다른 치료 방법, 자신이 속한 공동체의 문제에서 지구적인 차원의 문제까지 그 해결의 실마리를 구하는데 도움을 될 거라는 믿음이었다. 나는 직접 샤먼 여행에 나섰고, 나만의 보호령을 만나는데 성공했다. 그리고 이 샤먼 여행이 인생의 시련을 헤쳐 나가는 것 뿐 아니라 앞으로 내가 성장하고 발전하는데 큰 도움이 될 거라는 사실을 깨달았다. 나의 전공 분야인 상담심리학과 더불어 나의 목표는 이 강렬한 고대의 전통을 현대에 적용하고 공유할 수 있는 최선의 길을 찾는데 있었다.

샤먼 여행은 우리가 인생을 주도적으로 살아갈 수 있게 도와준다. 이를 통해 우리는 직접 신성과 대면하고 영적인 조언을 얻을 수 있으며, 오래된 자의식에서 벗어나 우리의 지각과 인지 능력을 확장 시켜 준다.

그렇게 스스로 문제 해결 능력을 터득하게 되면 자존감이 상승하게 된다. 자신의 보호령과 대면하고 나면 우리 각자가 소중한 존재이며, 우리 모두 자연 만물에 깃들어 있는 정령과 연결되어 있다는 느낌을 받게 된다. 다시 말해, 우주의 보이지 않는 손이 내미는 사랑을 체험하게 되고, 더 이상 외로운 존재가 아님을 깨닫는다.

또한 자신의 보호령과 더불어 살면서 힘(power)의 진실한 의미를 깨닫게 된다. 진정한 힘이란 자신의 생명력을 사용해서 자신과 타인 그리고 세상을 변화시키는 능력을 의미한다.

샤먼 여행은 조각난 삶으로부터 조화와 균형을 회복할 수 있는 지식을 터득하는 즐거운 과정이다. 그리고 우리 안의 창조력을 유감없이 발휘하도록 각성시키는 방법이기도 하다. 즉, 샤먼 여행을 하며 우리는 서서히 변화하게 되고 자신과 타인의 삶에 건강과 행복을 가져온다. 나는 우울에 시달리던 사람들이 어느 순간 삶의 기쁨에 눈을 뜨는 것을 보았다. 그들은 일생동안 자신의 창조적인 열정을 억누르며 힘겹게 살아가다 이제서야 춤추고 노래 부르기 시작했다. 질병에 시달리며 힘들어하고 상실의 고통으로 좌절했던 그들이 자신의 인생을 다시 회복한 것이다. 나는 그들이 자기만의 "목소리"를 되찾았다는 사실을 알았다. 열의가 있고 마음을 연다면 누구나 그렇게 할 수 있다. 누구나 샤먼의 여행에 나설 수 있다. 우리를 기다리는 정령들이 삶의 새로운 차원으로 들어가는 문을 활짝 열어줄 것이다.

　　나는 여러분이 샤먼이 되도록 가르치려는 게 아니다. 전통적으로 샤먼이란 자기가 원한다고 해서 혹은 스스로 샤먼이라 말한다고 해서 되는 게 아니다. 오히려 샤먼이란 공동체에 봉사할 수 있도록 정령들에 의해 선택받은 존재다. 샤먼 사회에서 자신이 샤먼이라고 말하는 행위는 불행을 초래한다고 보는데, 왜냐하면 자신을 샤먼이라고 소개하거나 자랑하게 되면 결국 샤먼의 주술적 능력이 사라진다고 믿어왔기 때문이다. 샤먼이란 자신이 속한 공동체에게 인정받는

자이다. 자신을 찾아온 사람들과 공동체를 위해 기여하고 헌신한 바가 있어야만 하기 때문이다.

『샤먼의 여행: 입문자를 위한 안내서』는 전 세계의 다양한 샤먼들이 적용하고 활용하는 가장 핵심적인 기술을 소개한다. 샤먼의 여행은 영적인 존재와 만나고, 타인과 세상을 도우며, 자연과 한 몸이 되어 자연의 순환과 생명의 리듬을 회복하도록 도와준다. 다시 말해 자신의 수호령과 직접 대면하고 영적인 조언을 구하는 게 샤먼 여행의 중요한 목적이다. 우리가 사는 시대는 그 어느 때보다 우리 각자가 자신의 문제를 해결할 수 있는 도구가 필요한 시대이다. 자신의 삶을 주도적으로 살아가며 삶의 기량을 충분히 발휘할 수 있는 그런 도구가 말이다.

많은 사람들이 치유와 성장 그리고 개인적인 변화를 위해 샤먼 여행에 나설 것이다. 충분히 연습하다 보면 여러분 중에는 샤먼 여행을 통해 타인과 공동체를 돕고 싶어하는 이들도 있을 것이고, 누군가는 자연과 세상을 보호하는데 기여할 것이다. 여기서 소개하는 샤먼 여행은 자기만의 운명을 펼쳐 나가는데 꼭 필요한 기술을 다루고 있다. 'Sandra Ingerman' 으로 유튜브를 검색하면 샤먼 여행을 시작하는 데 도움이 되는 다양한 북소리를 찾을 수 있다. 『샤먼의 여행: 입문자를 위한 안내서』를 꼼꼼히 읽은 후 해당 북소리를 듣게 되면 비일상적 현실의 세계로 들어갈 준비를 마친 것이다

Chapter 1
샤머니즘:
신성과의 직접적인 만남

샤머니즘은 인류 최초의 영적 수행으로 그 역사는 수 만년에 이른다. "샤먼(shaman)"이라는 단어는 영적 치유자를 의미하는 시베리아어에 해당하지만, 역사적으로 샤머니즘은 아시아, 유럽, 아프리카, 호주, 그린란드, 그리고 북미와 남미 모든 지역에서 그 명맥을 이어왔다. 수 천년이 넘도록 샤머니즘이 계승되고 번성했다는 사실은 샤머니즘의 영적인 효과를 쉽게 부인할 수 없기 때문이다.

샤먼 여행의 탁월한 장점 중에 하나로 직접 계시(direct revelation)의 원리를 들 수 있다. 샤먼 여행은 눈에 보이는 세계와 보이지 않는 세계 사이의 장막을 벗겨내고, 의식의 각성과 존재의 전체성을 회복하는데 필요한 지혜와 생명력에 접근할 수 있게 도와준다. 샤먼은 직접 정령과 교류하며 질병의 영적인 원인을 해결하고, 길 잃은 영혼을 인도하거나 신성한 지식을 추구하며, 죽은 자의 영혼을 올바른 곳으로 데려가면서 공동체를 위해 다양한 의식을 수행하는 여성이나 남성 주술사를 의미한다. 샤먼은 자신이 속한 부족 공동체에서 다양한 역할을 맡아 왔다. 영혼의 치유자이자 자연의 의사였고, 종교적 사제, 마음의 치유자, 신비주의자이며 탁월한 이야기꾼이었다.

샤머니즘의 전통은 샤먼이 발휘하는 실제적인 효과에만 주목해왔다. 전통적인 사회에서 샤먼의 역할은 특정 개인이나 공동체에 속한 일부 한 두명에게만 국한되었다. 수렵 채집 사회에서 샤먼은 부족민들의 먹을거리를 어디서 찾을 수 있을지 알려주었다. 만일 샤먼이 정확한 예지 능력을 발휘하지 못한다면 부족의 생존은 위기에 처하고 만다. 또한 샤먼은 부족민의 심신을 치유하는 역할을 맡았는데, 이처럼 부족의 생존은 샤먼의 다양한 영적 능력에 의존하고 있었다.

샤머니즘의 소중한 교훈이라면 모든 존재에는 고유한 생명과 정령이 깃들어 있고, 이 정령을 통해 우리 모두가 대지 위의 생명체와 밀접하게 연결되어 있다는 믿음이다. 모든 생명체가 그물 같은 에너지 장으로 연결되어 있다는 양자역학의 설명처럼, 샤먼 또한 모든 생명체를 연결하는 존재의 그물에 관해 이야기한다. 현대인들 대부분이 이 신비한 생명의 그물과 연결되고, 우울한 고립감에서 해방되기를 간절히 바라고 있다. 샤먼 여행을 하며 비일상적 현실 상태에 들어서면 우리는 물, 불, 공기, 흙이라는 자연의 원소 속에 깃든 정령부터 나무, 식물, 동물, 곤충, 새, 물고기, 파충류, 그리고 돌과 바위의 정령들과 소통하는 방법을 배울 수 있다.

우리는 모두 자연의 일부이며 자연의 고유한 순환과 리듬에 발맞추며 살고 싶은 깊은 열망이 있다. 하루도 예외없이 강줄기를 거슬러 올라가는 삶은 얼마나 고달프겠는가? 사실 우리는 달과 계절의 고유한 변화에 무지하며 생명의 자연스러운 리듬을 잊은지 오래되었다. 생명의 강줄기를 거슬러 힘겨운 발걸음을 이어가고 있을 뿐이다. 우울과 무기력, 그리고 만성피로 같은 심신의 질병이 유독 현대에 만연한 이유가 바로 여기에 있다. 샤먼 여행을 통해 자신의 보호령을 만나게 되면 다시 자연의 순환과 생명의 리듬에 연결되고, 현재의 삶을 더욱 조화롭고 균형있게 회복하는 다양한 방법을 배워 나갈 수 있다.

샤머니즘은 인생과 자연의 순환이 공존하도록 다양한 의식을 발전시켜왔다. 물론 통찰과 치유, 삶의 주체성을 발휘하도록 사건의 전조를 파악하고 꿈의 의미를 해석하는 것도 샤머니즘의 중요한 의식에 해당한다. 샤머니즘은 규칙적인 영적 수행의 가치와 타인을 위한 봉사의 의미를 강조한다. 이것이야말로 인생의 진실한 의미이며 목적이기 때문이다. 그리고 샤머니즘은 우리모두가 살고 싶어하는 세상을 창조하는데 도움이 되는 강력한 생명력을 경험하도록 해준다.

샤먼은 질병의 영적인 원인을 파악하고 감정과 신체의 고통을 치유하는 능력을 발휘한다. 샤먼의 전통적인 역할은 의식을 수행하는데 있다. 수만 년이 흐른 지금까지 각국의 샤먼들은 시베리아, 아시아, 호주, 아프리카, 미국에 이르기까지 다양한 의식을 거행하며 여전히 공동체의 삶에 참여하고 있다. 이 책에서 소개하는 샤먼 여행의 기법은 바로 그들이 영적인 세계(the spirit world)와 소통하는데 활용했던

의식에서 비롯되었다. 샤먼은 일반적으로 질병이 세 가지 원인에서 기인한다고 믿는다. 첫째, 사람이 고유한 생명력을 상실한 경우로, 그 결과 우울증, 만성질환, 그리고 여러 차례 불행을 맞이하게 된다. 이런 경우 샤먼은 영적인 여행에 나서서 상실한 생명력을 되찾아 온다. 둘째, 주로 감정이나 신체에 감당하기 힘든 충격으로 존재의 본질인 영혼을 상실한 경우다. 이는 사고, 수술, 학대, 전쟁이나 자연 재해로 인한 극심한 트라우마가 원인이다. 이렇게 영혼을 상실하게 되면 정신분열, 외상 후 스트레스 장애, 우울증, 면역체계의 붕괴와 그로 인한 각종 질병, 약물이나 알콜 중독, 끝없는 슬픔, 심지어 혼수 상태까지 유발할 수 있다. 이런 상황에서 샤먼은 영혼 회복(soul retrieval) 의식을 수행하며 트라우마로 인해 상실된 영혼을 찾아 나서는 역할을 한다. 셋째, 영적으로 침체되거나 부정적 에너지에 압도되어 있는 경우로, 앞서 지적한 개인의 생명력이나 영혼의 상실이 주 원인이다. 이러한 영적 침체 현상은 신체의 특정 부위에 질병을 유발한다. 샤먼은 이 부정적인 에너지를 신체에서 제거하는 역할도 수행한다.

샤먼이 수행하는 의식은 여기에서 그치지 않는다. 갓 난 아기가 세상 속으로 안전하게 태어나도록 축복하고, 행복한 결혼을 축원하며, 임종의 순간 육체에서 해방된 영혼을 인도하는 등 샤먼의 의식은 무척 다양하다. 또한 풍년을 염원하며 곡식이 잘 자라도록 기원하고, 꿈을 해석하는데 도움을 주고, 사람들의 현실 문제에 대해 아낌없이 조언한다. 샤먼은 성인식처럼 인생의 특정 단계마다 진행되는 입문의식 (initiation ceremonies)을 주관한다. 샤먼은 삶의 의미를 밝혀주는 이야기를 전해주며, 현실에서 길을 잃고 방황할 때 올바른 길을 찾도록 도와준다. 한편 주술이나 부정적인 에너지를 차단하고 자신의 공동체의 운명을 진단하며 부조화나 불균형이 발생하는 지점을 간파해낸다. 공동체의 구성원이 세상을 떠나면 추모 의식을 수행하는 존재도 샤먼이다. 샤먼은 특별한 직감을 발휘해서 사냥과 축제에 적합한 시기를 결정하기도 한다.

샤먼은 자연의 순환과 주기를 잘 알고 있다. 계절과 달의 변화 주기, 밤하늘을 수놓은 별들의 위치와 변화, 그리고 그런 변화 속에서 특별한 징조를 간파하는 존재가 샤먼이다. 그리고 샤먼은 날씨의 변화를 좌우하는 정령들과 소통하면서 공동체에 조화와 균형을 가져온다. 전통적으로 공동체마다 한 명 이상의 샤먼이 존재하며, 샤먼마다 서로 다른 영적 능력을 발휘한다. 예를 들어, 영혼 회복처럼 치유 의식에 정통한 샤먼이 있는가 하면, 점술이나 예지 능력이 발달한 샤먼도 있다.

샤머니즘은 각기 다른 문화적 요구와 시대의 변화에 발맞추어 진화해왔다. 오늘날 서구 사회에서 샤머니즘이 본격적으로 부활하고 있다. 학생, 주부, 교사, 심리치료사, 변호

사, 간호사, 의사, 정치인, 과학자 할 것 없이 다양한 사람들이 샤머니즘을 그들의 일상 속에서 실천하고 있다. 내가 보기에 샤머니즘이 그토록 각광받는 이유는 우리는 모두 자신만의 수호령과 직접 소통하고 싶어하기 때문일 것이다. 더 이상 자기 내면의 고유한 힘을 사회적으로 인정받는 다른 권위자에게 의탁하고 싶어하지 않는다. 이제는 안다. 진정 우리 자신의 삶을 변화시킬 수 있는 존재는 다름 아닌 자기 자신이라는 사실을 말이다 ✹

Chapter 2
세 가지 세상

샤먼은 물리적 세계 너머에 샤먼의 여행을 통해 들어설 수 있는 눈에 보이지 않는 세계가 있다고 믿는다. 고대 켈트족의 샤먼은 이렇게 보이지 않는 세계를 가리켜 "천상의 세계(Other World)"라고 불렀고, 호주 원주민들은 "꿈의 시간(Dreamtime)"이라고 불렀다. 다양한 샤머니즘 전통에서 이 보이지 않는 세계는 다시 각기 다른 세 차원의 세계, 즉, 하위 세계(Lower World), 상위 세계(Upper World), 중간 세계(Middle World)로 나눠진다. 각 세계마다 고유한 특징이 있으며, 각기 고유한 입구나 진입로가 있으며, 서로 구별되는 풍경이 펼쳐진다고 본다. 이제 나는 이 세 가지 세계에 들어가는 고유한 입구와 특징적인 정경을 보여주고자 한다.

'하위 세계'는 흔히 "지하 세계"로 불리기도 한다. 이 용어는 어떤 사람들에게는 부정적인 의미로 다가올 수 있다. 하위세계의 정경은 산, 사막, 빽빽한 정글, 숲처럼 우리가 사는 대지의 모습과 비슷하다. 나는 샤먼의 여행을 가르치며 사람들에게 늘 이 하위 세계를 먼저 가야한다고 말한다.

하위 세계로 여행을 하려면 여러분이 방문한 적이 있는 현실 속 자연의 여러 장소 중에 생생하게 기억나는 곳을 마음 속에 떠올려야 한다. 바로 그 장소를 하위 세계의 입구로 생각하면서 땅 속으로 들어간다고 상상해야 한다. 전통적으로 하위 세계로 내려가는 방법은 나무 뿌리를 타고 내려가거나, 화산의 입구로 들어가거나, 움푹 패인 땅 구멍이나 동굴 입구로 들어간다. 그리고 호수, 계곡, 강, 폭포 등 물줄기를 따라 땅 속으로 내려가는 방법도 있다. 기억나는 자연 속 어떤 특정 장소에 있다고 상상하면서 바로 그 곳이 땅 속으로 내려가는 입구라고 생각하면 된다. 만약 자연 속의 장소가 잘 떠오르지 않는다면 지하철이나 엘리베이터처럼 주변에서 흔히 볼 수 있는 사물을 타고 땅 속으로 내려간다고 상상해도 좋다.

일단 입구에 들어서면 지하세계로 이어지는 터널이 눈에 들어오고 일종의 과도기적 단계에 접어든다. 이 과도기적 상황을 문학 작품 속 "이상한 나라의 앨리스"에 비유할 수 있다. 주인공 앨리스는 마법의 터널을 지나서 다른 세상으로 들어간다. 그리고 마침내 환한 장소에 도착하고 주변 풍경이 선명하게 드러난다. 여기가 바로 '하위 세계'이다.

이와 반대로 '상위 세계'를 여행하면 자주 신비한 느낌을 받게 된다. 빛은 온통 밝고 선명하게 비추지만 부드러운 파스텔부터 암흑색까지 모든 색채가 펼쳐진다. 상위 세계의 정경은 너무 다양한 나머지 마치 크리스탈처럼 화려하게 빛나는 도시 같거나 거대한 구름 속 세상처럼 나타나기도 한다. 상위 세계에 들어서면 분명 무언가를 디디고 있다는 느낌은 있어도 실제 땅 위에 발을 딛고 있다는 생각은 들지 않는다.

상위 세계로 여행하려면 자신을 그 곳으로 이끌어줄 자연 속 특정 장소에 자신이 서 있다고 상상해야 한다. 일부 샤먼들은 높게 뻗은 생명나무(the Tree of Life)의 가지를 타고 상위 세계로 올라간다고 한다. 그 외에도 다양한 방법이 전해진다. 밧줄이나 사다리를 타고 올라가기도 한다. 산 정상에 서서 위를 향해 뛰어오르거나 폭풍이나 회오리 바람을 타고 날아가기도 한다. 무지개를 타고 올라가거나 화재 연기를 따라가기도 하고 굴뚝을 타고 올라가는 경우도 있으며 새를 타고 하늘로 날아오르기도 한다. 오늘날에는 열기구를 타고 올라간다고도 한다. 물론 어떤 사람들은 몸이 저절로 떠올라 날아간다고 한다. 일부 사람들은 자신의 신성 동물(power animal)이나 수호령(guardian spirit)에게 부탁해서 상위 세계로 올라가는 경우도 있다. 여러분이 어떤 방법을 사용하든 상위 세계로 갈 수만 있다면 그만이다.

상위 세계에 진입하면 어떤 변화를 경험하게 된다. 어떤 사람들은 여러 층의 안개나 구름을 목격하게 된다. 이것은 일종의 전환점이지 장애물이 아니다. 동화 속 "잭과 콩나무"에서 주인공이 콩나무를 타고 올라가다 구름층을 통과하여 새로운 세상에 발을 들여놓게 되는 상황과 유사하다. 아니면 "오즈의 마법사"에서 주인공 도로시는 토네이도를 타고 낯선 세계로 여행하는데, 이런 경험은 샤머니즘에서는 흔히 벌어지는 현상이다. 동화나 민담 속에는 "비일상적 현실(non-ordinary reality)상태"로 여행하는 장면이 자주 등장하는데, 이는 샤머니즘의 고유한 전통과 의식에 해당한다. 바로 이 변환점을 지나가면 상위 세계의 문턱 안으로 들어온 것이다. 그런데 만일 높이 날아갔지만 여전히 하늘의 별과 행성들이 보인다면 아직 '상위 세계'에 도달하지 못한 것이다. 다시 말해 일종의 희미하고 막연한 문턱을 통과했다는 느낌을 경험하고 이어서 눈 앞에 펼쳐지는 정경이 변하게 되면 드디어 상위 세계에 진입한 것이다.

샤머니즘의 전통에서 '하위 세계'와 '상위 세계'는 다시 정해진 수만큼의 각기 다른 차원으로 나뉘어지지만 보통 사람들은 우주 자체가 무한하다고 생각하기에 각 세계마다 그저 무한한 차원이 존재하는 것처럼 보이게 된다. 하위 세계와 상위 세계마다 다양한 차원의 세계가 존재하며 각 차원의 세계마다 인류와 개인에게 전수할 만한 특별한 지혜가 간직되어 있다. 각 차원마다 간직된 이 지혜를 탐구하는 것은 바로 여러분의 자신의 몫이다.

'중간 세계'는 우리가 사는 물리적 세상의 영적 차원을 의미한다. 중간 세계로의 여행은 물리적 현실에 존재하는 모든 종류의 정령들과 소통할 수 있도록 해준다. 샤먼들은 중간 세계를 여행하면서 분실하거나 도난당한 물건을 찾고, 자연의 정령과 대화하며, 아주 먼 거리에 있는 사람이나 동물을 치유하는 역할을 한다. 중간 세계를 여행하는 샤먼의 위대한 과업은 달(the Moon)을 여행하며 달의 주기와 위상의 변화를 물어보고 이런 변화가 인간의 감정과 행동에 어떤 영향이나 변화를 초래하는지 알려준다는 사실이다. 이렇게 자연의 순환과 변화에 발맞춰 자신의 삶을 변화시키고 심신의 행복을 증대하는 방법을 배워 나갈 수 있다. 그리고 샤먼처럼 여러분도 하늘의 태양과 별들, 그리고 자연의 원소들과 공감하고 대화하는 법을 터득하며 그들이 가르쳐 주는 대로 삶의 균형을 회복하는 방법을 배울 수 있다.

중간 세계를 여행하려면 지금 이 순간의 현실의 물리적 풍경을 통과해 나간다. 단순하게 생각해서 자기 집 정문을 지나서 정원으로 걸어 들어 가거나, 혹은 잃어버린 물건을 찾거나 아주 먼 곳에 가려고 어떤 장소를 빠르게 걸어서 지나간다고 상상해 보자. 중간 세계의 여행이란 여러분이 사는 곳에서 마주치는 식물이나 나무 혹은 돌과 바위와 만나는 과정이며, 이런 존재들을 제대로 이해하기 위해 배우는 과정이며, 그들과 함께 조화로운 관계를 만들어가는 과정이다. 어린 시절 죽어가던 꽃들을 보살피고 살려냈던 조지 워싱턴 카버(George Washington Carver)는 매우 존경받는 식물학자인데, 그는 언제나 숲속을 걸으며 그 곳의 식물들에게 말을 걸고 대화하면서 식물의 재배 방법을 터득했다고 말한 적이 있다. 샤먼은 샤먼 여행을 하거나 안 하거나 언제나 자연의 순환과 변화 그리고 자신이 사는 주변 환경을 이해하고 배우기 위해서 동물이나 식물에게 말을 걸고 이야기를 나눈다. 하지만 자연과 교감하려고 중간 세계로의 여행에만 의존해서는 안 된다. 여러분 스스로 실제 바깥 세상에 나가 자연과 교감하려고 노력해야만 한다. 샤먼의 여행은 지속적으로 자연과 교감하는 데 커다란 영감을 줄 것이다.

중간 세계에는 다양한 종류의 정령(spirits)들이 살고 있어서 그 곳에서의 여행은 나름 복잡한 점들이 있다. 중간 세계에는 충격적이고 비극적인 죽음을 겪고서 아직 다른 차원의 세계로 건너가지 못한 영혼들이 존재한다. 그들 중에는 자신이 죽었다는 사실을 이해하지 못하는 영혼들도 있다. 그들을 위로하고 올바로 인도하려면 이 책에서 다루는 내용만으로는 역부족이다. 별도의 특수한 훈련과 지식이 필요하기 부분이다. 포괄적인 샤먼 수련 과정에는 '저승사자(psychopomp)' 작업이라는 것이 있다. 이 작업은 죽은 영혼을 올바른 세계로 인도하는 과정을 완성하는 것이다. 나무나 식물, 강과 바람과 대화하고 중간 세계에 살고 있는 요정, 데바, 엘프 등 다양한 정령과 만나기 위해 샤먼 여행에 나서는 것은 괜찮다.

하위 세계, 중간 세계, 상위 세계 그 어디라도 여러분이 선택해서 갈 수 있다. 그리고 그 곳에서 마주치는 정령이나 영혼들과 대화를 나눌지 아니면 그냥 지나칠지도 여러분 스스로 선택할 수 있다. 즉 어느 세계로 샤먼 여행을 떠나며, 그 곳에서 어느 누구와 대화를 나눌지를 여러분 스스로 결정할 수 있다는 사실이 중요하다. 비일상적 현실의 세계를 탐험하는 그 경이로운 여정은 현실 너머 존재하는 상이한 차원의 세계와 그 곳의 특징적인 정경을 경험하고 각 세계에 존재하는 신비한 정령들을 발견하는 과정이다. 여러분의 보호령은 서로 다른 세계를 여행할 수 있으며, 여러분이 어느 세계를 여행하든 여러분과 동행하며 각 세계의 차이를 이해하도록 기꺼이 도와준다. 마지막으로, 샤먼의 여행을 통해 당신이 실제 어떤 경험을 하게 될지 딱 잘라서 말할 수는 없다. 하지만 각 세계마다 어떤 차이점이 있는지 짧게나마 공통되는 경험은 소개하려고 한다. 중요한 점은 여러분 스스로 자신의 경험을 신뢰해야지 무조건 다른 사람의 경험을 그대로 따라하려고 해서는 안 된다는 것이다. 각자의 경험이 모두 진실하고 의미 있다는 사실을 명심하자 ✪

Chapter 3

신성 동물과 지혜의 교사

샤먼 여행의 수행과 체험에 익숙해지면 다양한 종류의 보호령(helping spirits)과 만나게 된다. 샤먼이라면 누구나 샤먼 여행을 하며 자문하고 협력하는 두 종류의 중요한 보호령이 있는데, 하나는 흔히 수호령(guardian spirits)으로 알려진 신성 동물(power animals)이며, 다른 하나는 인간의 모습으로 출현하는 지혜의 교사(teachers)이다. 신성 동물과 지혜의 교사는 하위 세계와 상위 세계 모두에서 만날 수 있는 존재들이다.

　　일반적으로 누구나 한 두명의 중요한 신성 동물이나 수호령 혹은 인생의 중요한 고비마다 지속적으로 대화하고 도움을 주는 지혜의 교사들을 갖게 된다. 어떤 신성 동물이나 지혜의 교사는 특별한 삶의 교훈과 지혜를 전수하고나서 당신을 떠나고 그 대신 새로운 보호령들이 찾아 온다. 이처럼 어떤 보호령은 당신을 떠나는가 하면 어떤 보호령은 당신 곁에 영원히 머물기도 한다. 시간이 지날수록 여러분은 자신의 보호령을 신뢰하게 되고 그들로부터 삶의 지혜와 도움을 얻게 된다. 여러분의 보호령은 인생이라는 여행의 든든한 동반자가 되어준다.

신성 동물과 수호령

샤먼의 전통적인 믿음에 따르면 우리가 세상에 태어날 때 최소 하나 이상의 동물이 자원하여 우리의 생명을 지키고 평생 우리의 삶을 인도한다고 한다. 이게 바로 신성 동물의 고유한 역할이다. 만일 어떤 사람이 자신의 신성 동물을 의식적으로 자각하게 되면, 샤먼 여행을 통해 그들과 직접 소통할 수 있고 그들의 보호와 안내를 받게 된다. 하지만 자신의 신성 동물을 자각하지 못한다 해도 신성 동물은 지속적으로 눈에 보이지 않는 도움을 제공한다. 우리가 이를 아는지 모르는지 상관없이 말이다. 자기 주변에 온갖 신성 동물이 존재하다고 말하는 사람들도 있지만, 대부분 한 둘의 신성 동물이 주변 가까이 있고 그 외 도움을 주는 다른 신성 동물들은 보다 먼 곳에 존재한다.

자기만의 신성 동물은 단지 특정 동물 하나가 아닌 그 동물 전체 종(species)을 대변하는 존재로서 가까이서 당신을 보호하고 도와주는 역할을 한다. 예를 들어 어느 특정한 독수리 한 마리, 캥거루 한 마리, 또는 다람쥐 한 마리가 아니라, 독수리라는 맹금류 전체, 캥거루라는 종 전체, 다람쥐라는 설치류 전체가 여러분을 돕는 것이다. 페가수스나 유니콘 같은 신화 속 동물을 신성 동물로 두는 경우도 자주 있다. 또는 멸종된 동물이 신성 동물로 자원하는 경우도 있는데, 그 이유는 어느 동물이건 그 동물의 영혼은 사라지지 않고 영원히 존재하기 때문이다. 그렇기 때문에 스테고사우루스처럼 공룡의 정령을 두고 있다고 해도 이상할 게 없다.

최근에 다양한 동물의 영적인 상징과 의미를 해설하는 서적들이 많이 출간되었다. 하지만 샤머니즘은 신성과 직

40

접 접촉하는 행위이므로 샤먼 여행 중에 만난 신성 동물의 의미를 이런 서적이나 다른 사람의 해석에 전적으로 의존하지 않는 게 좋다. 만일 샤먼 여행 중에 마주친 신성 동물의 정체를 제대로 분간하기 어렵다면, 그 동물의 외양이나 행동을 식별할 수 있는 동물 자료집을 참고할 수는 있다. 그러나 특정 동물의 상징과 의미를 해설하는 책에 의존하다 보면 해당 동물이 당신에게만 드러내고 싶어하는 영적인 진실을 간과하기 쉽다. 그 진실을 발견하려면 직접 신성 동물에게 말을 걸고, 자신에게 전수하고 싶은 재능이나 진실 혹은 도움이 무엇인지 스스로 알아내려고 해야 한다.

　　내가 진행하는 워크숍에서 나는 학생들이 샤먼의 여행 중에 코끼리가 자신의 신성 동물로 출현했다는 말을 가끔 듣는다. 그들은 코끼리에게 자신에게 가르쳐주고 싶은 게 무엇인지 질문했고, 그러자 이 신성한 코끼리는 "생명의 원기를 회복"하는 법을 가르쳐주러 왔다고 대답했다고 한다. 하지만 어떤 상징 사전을 들춰보아도 이 메시지를 해석할 수 있는 내용은 나오지 않는다.

　　1980년대 후반에 나는 샤먼의 여행을 가르치며 다양한 지역을 방문했다. 그리고 그 시절 나는 아주 강렬한 깨달음을 경험했다. 나의 워크숍이나 강연에 참여하는 분들 중에는 종종 선물을 가져오는 경우가 있다. 그런데 언젠가 당시로선 이해하기 힘들었던 선물을 연달아 받은 적이 있고, 그러면서 강렬한 메시지를 받은 경험이 있었다. 어느 날 내가 워크숍에 도착했을 때, 올빼미 깃털과 올빼미 인형 등 올빼미로 대변되는 두 개의 선물을 받은 것이다. 올빼미 인형은 미국 인디안 주니(Zuni)족이 제작한 작은 조각상으로 거기엔 특정 동물의 힘이 깃들어 있었다.

나는 올빼미를 나의 보호령이라 얘기한 적도 없는데
다 올빼미와 관련된 선물을 두 개나 받고나니 그저 이상하다
는 생각만 들었다. 하지만 이는 시작에 불과했다! 그 다음 달
에도 나는 올빼미와 관련된 선물을 계속 받은 것이다. 올빼
미 선물 공세는 한 학생이 내게 선물하려고 직접 공들여 제
작한 올빼미 가면에서 절정을 이루었다. 분명 무슨 의미가
있었겠지만 당시로선 도무지 이해할 길이 없었다.

　　그래서 1980년부터 내가 의지해왔던 나만의 수호령
을 찾아 샤먼 여행에 나섰다. 왜 그토록 많은 사람들이 내게
올빼미와 관련된 선물을 주는지 그리고 어떻게 하다 올빼미
가 나의 일상 속으로 들어온 것인지 묻게 되었다. 그러자 나
의 수호령은 올빼미는 어둠 속에서도 잘 볼 수 있을 뿐 아니
라 내게 곧 필요할지도 모를 특정 종류의 레이더를 가지고
있다고 대답했다. 그리고 그 날 샤먼 여행은 갑작스레 중단
되었다. 샤먼 여행은 시간을 초월해서 존재하는 사건이므로,
나의 수호령이 말한 "곧" 이라는 단어가 내게는 머나먼 미래
의 사건처럼 느껴졌다. 그래서 가까운 미래에 올빼미가 내
삶속에서 실제로 등장할거란 믿음은 거의 없었다.

　　다시 2주가 지나고 나는 세인트 루이스에서 워크숍
을 진행했다. 그 워크숍은 일요일 저녁에 끝났고 다음 날 아
침 일찍 개인적인 상담을 받으러 산타페에서 오는 분이 있
었기에 나는 밤늦게 비행기에 몸을 실었다. 그런데 비행 도
중 객실의 불이 모두 꺼졌고 승무원들이 손전등을 비추며 통
로를 이리저리 왔다 갔다 하고 있었다. 나는 승객들이 잠을
잘 수 있도록 하는 일이라 생각했다. 하지만 잠시 후 무슨 일
이 있는 건 아닌지 승객들이 궁금해할까봐 걱정된다며 조종
사가 안내방송을 전달했다. 사실 나는 별다른 생각이 없었는

데, 안내방송을 듣고서 깜짝 놀라고 말았다. 우리가 탄 비행기에 전기 공급이 갑자기 차단되어, 선체 내부와 외부의 조명이 모두 꺼진 것이다. 게다가 천둥을 동반한 폭우 속을 날아가야 하는데 이 순간 가장 절실하게 필요한 레이더도 작동이 멈추고 만 것이다.

그 순간 머리 속에 떠오른 것은 그 동안 내가 받아왔던 올빼미 관련 선물들이었다. 그리고 몇 주 전 샤먼 여행 중에 나의 수호령이 내게 한 말도 선명하게 떠올랐다. 즉 올빼미는 특수한 레이더를 가지고 있는데다 바로 그게 나한테 곧 필요할거라는 말이다. 다행스럽게도 아무 문제없이 비행기는 착륙했고 나는 그날 밤 우리가 무사할 수 있었던 이유가 다름아닌 올빼미 정령의 도움 때문이었다고 확신한다. 이 사건을 통해 나는 생명을 보살피는 우주의 원리를 직감했고 위기의 순간에 우주가 우리에게 내미는 도움의 손길이 존재한다는 심오한 깨달음에 한층 더 가까이 다가설 수 있었다.

만일 내가 시중에서 손쉽게 구할 수 있는 상징 서적에서 올빼미의 영적인 의미를 찾아봤다면 이 신성 동물의 다양한 의미와 변화에 대해서 배우게 됐을 것이다. 하지만 레이더와 같은 특수한 선물이 얼마 지나지 않아 나에게 꼭 필요할거라는 사실은 절대 배우지 못했을 것이다. 이 사건에서 내가 얻은 교훈은 신성 동물의 의미와 그 메시지를 이해하려면 반드시 자신만의 샤먼 여행으로 들어가야 한다는 점이었다. 그렇지 않으면 그들이 우리에게 전달하려는 독자적인 의미와 교훈을 이해할 수 없다. 그러므로 여러분의 신성 동물이 전달하는 영적인 의미와 교훈을 이해하고 싶다고 섣불리 다른 사람의 해석에 의존해서는 안 된다. 또한 신성 동물이 당신에게 전달하고 싶은 교훈은 여러분이 생각하는 그 동물만의 특별한 능력과 기술에 대한 기존의 입장과 일치하지 않을 수도 있다.

그리고 신성 동물 사이에 존재하는 능력의 차이도 쉽게 속단해서는 안 된다. 내가 워크숍에서 만난 사람 중에는 곰이나 독수리처럼 강력한 동물이 아니라 다람쥐가 자신의 신성 동물이라는 이유로 실망하는 경우를 자주 목격했다. 비일상적 현실 세계에서 특정 동물 집단이 다른 동물 집단에 비해 더 강하거나 약한 경우는 없다. 신성 동물 모두 강렬한 능력을 소유하고 있으며 그들만의 고유하고 독창적인 가르침을 우리에게 전해준다. 쥐라고 해도 사자 못지않은 능력을 가지고 있으며 동물 각자가 서로 다른 가르침을 우리에게 전해준다.

나무나 엘프, 그리고 요정 같은 존재들도 보호령이 될 수 있다. 나무의 정령이나 엘프와 같은 존재는 동물이 아니기 때문에 우리는 그들을 수호 정령(guardian spirits)이라고 부른다. 식물은 보통 수호 정령으로 간주되지 않지만 전세계의 샤먼들은 식물의 치유 효과를 특별하게 취급한다.

샤먼 문화에서 공동체의 삶은 매우 중요하다. 현대 사회에서 삶의 중요한 계기가 되는 개성화 과정은 전통적으로 중요한 사건으로 다루어지지 않았다. 각 개인이 공동체의 유지에 기여하면서 자신의 생존을 보장받았기 때문이다. 그런 사회에서 개인과 집단은 구분되지 않는다. 일부 토착 문화에서 사람들은 각자 특정 씨족 집단에 소속되어 있었고, 자주 특정 신성 동물이 그 집단 구성원을 돕는 역할을 자처하기도 했다. 마찬가지로 내가 다른 사람을 대신해서 샤먼 여행을 하다 보면 부부나 가족 혹은 어떤 조직이나 기업조차 그들 스스로 모르고 있는 신성 동물을 가지고 있음을 알게 된다.

샤먼 여행 중에 포유동물에 속하는 일부 신성 동물은 자신의 힘을 과시하기 위해 위협적인 행동을 보이기도 한다. 위협적인 자세로 등장하는 신성 동물 곰과 마주하는 사건은 자주 벌어진다. 만약 그런 상황과 마주치면 강렬하고 위협적인 힘을 과시하는 곰이 자신에게 전달하고 싶은 교훈이 무엇인지 곰에게 직접 물어보는게 좋다.

샤먼 여행 중에 마주치는 신성 동물 중에는 심각한 의미를 전달하는 동물이 있다. 특히 독이나 침을 가지고 있어

사람을 물거나 쏘는 동물이 여기에 해당한다. 예를 들어, 벌, 개미, 거미와 같은 곤충들도 신성 동물이 될 수 있는데, 이들이 만일 신체의 특정 부위에 몰려드는 것 같다면 이는 질병을 암시하는 상황이 될 수 있다. 예를 들어 샤먼이 변성의식 상태에 들어가 내담자(client)의 몸을 살펴보는데 어떤 파충류가 순간 송곳니를 드러내거나 개미떼가 특정 부위에 바글거리는 장면이 보인다면 진지하게 질병을 의심해봐야 한다.

　　마찬가지로 뱀, 도마뱀, 용과 같은 동물들도 신성 동물이 될 수 있다. 하지만 이런 동물들이 당신을 향해 송곳니를 드러내거나 쉭쉭하는 소리를 낸다면 이 또한 질병을 암시하는 상황일 수 있다. 물론 동물에게 물리고 그 동물의 능력을 전수받는 경우가 있는데, 이는 예외로 하자. 예를 들면, 내가 처음 만난 보호령 중에는 흰 코브라가 있었는데 그만 나는 이 무시무시한 뱀에게 목을 물리고 말았다. 하지만 이는 질병과는 아무 관련이 없다. 흰 코브라는 나를 물고서 자신의 신성한 힘과 치유 능력을 나에게 전달해 주었다. 샤먼 여행을 하며 나와 비슷한 경험을 한 사람들을 나는 많이 만나왔다. 중요한 사실은 신성 동물이 등장하는 이유가 능력의 전수인지 질병의 암시인지 구분할 수 있는가 이다. 예를 들어 어떤 사람들은 커다란 거미를 신성 동물로 가지고 있다. 하지만 이것은 수천 마리의 거미가 누군가의 간에 우글거리는 장면을 보는 것과는 아주 다르다.

　　샤먼 여행의 목적은 여러분이 보고 싶은 것을 자신의 정령에게 분명하게 알려주는데 있다. 여러분의 의도가 자신의 신성 동물이나 수호령과의 만남이라면, 곤충떼가 아니라 여러분이 원하는 신성한 존재가 등장할 것이다. 하지만 만일 어떤 질병을 영적인 차원에서 발견하고 싶다면, 곤충떼나 송곳니를 드러낸 파충류가 나타나 신체의 어느 부위에 질병이 존재하는지 샤먼에게 알려줄 것이다.

　　마지막으로 명심해야 할 점은 만일 자신의 신성 동물을 만났다고 해서 이를 자랑하고 다녀서는 안 된다. 앞서 말했듯이 샤머니즘 전통에 따르면 신성 동물과 그 능력을 자랑하는 순간 신성 동물은 떠나고 자신의 능력을 거두어 가버린다.

인간을 닮은 지혜의 교사

전통적으로 샤먼과 함께 소통하는 보호령 중에는 인간을 닮은 지혜의 교사(teachers)가 있다. 이 특별한 존재는 전통적인 샤먼 사회가 숭배하던 남신과 여신이었으며 간혹 선조들의 혼령이기도 했다. 오늘날까지 많은 사람들이 다양한 형태의 지혜의 교사를 만나왔다. 예를 들어 예수나 부처 혹은 마리아와 같은 종교적인 인물에서 아인슈타인이나 힐데가르드 폰 빙엔같은 역사적 인물을 지혜의 교사로 만나는 사람들도 있다. 또한 많은 사람들이 돌아가신 친척들 중에 자신의 할아버지나 할머니를 지혜의 교사로 섬기기도 한다. 이시스나 오시리스 또는 헤르메스와 같은 이집트나 그리스의 신을 지혜의 교사로 두고 있는 사람들도 있다. 다양한 형태로 등장하는 지혜의 교사들을 열린 마음으로 맞이하는 게 중요하다. 예를 들어 지혜의 교사는 어린 아이의 모습으로 등장하기도 한다. 또는 어떤 문제를 해결하고 싶어 샤먼 여행에 나섰을 때 간혹 자신 앞에 거울이 등장하는데, 이는 당신 자신이 바로 지혜의 교사라는 점을 의미한다.

나는 1980년부터 한결같이 동일한 수호령과 소통하고 있다. 하지만 인생의 다양한 문제에 직면할 때마다 수많은 보호령들이 등장했고 내게 도움을 주고나서 떠나기도 했다. 한편 내 주변에는 정기적으로 소통하지는 않아도 나를 전폭적으로 도와주는 신성 동물도 있다. 1986년 비전 퀘스트(vison quest)를 통해 처음 만난 나만의 지혜의 교사 이시스(Isis)가 있고, 인간을 닮은 다른 지혜의 교사들이 내 주변에 존재한다.

나만의 수호령은 내가 다른 사람을 위해 샤먼 여행을 떠나고 주술적 치유를 하는 동안 나를 도와주는 존재다. 물론 나의 개인적인 인생 문제에 해답을 제공하는 역할도 한다. 그리고 이시스 신은 내가 책을 집필하고 강연이나 세미나를 진행하는 순간에도 나를 아낌없이 도와주는 존재다.

신성 동물처럼 지혜의 교사는 근본적으로 우리의 삶 속에 존재하는 치유와 지혜의 원천이다. 나의 학생 중에 낸시라는 친구가 있었다. 그녀는 자신이 섬기는 지혜의 교사와 함께 지속적으로 소통하며 본격적인 치유 활동을 이어갔다. 그녀는 어린 시절 가정 학대로 인해 우울증에 시달려왔고 처방약에 의존하며 지내왔다. 샤먼 여행을 시작할 무렵 그녀에게 스코틀랜드의 왕 제임스 4세가 지혜의 교사로 등장했다. 학교 선생님이었던 낸시는 이 낯선 국왕의 인생을 연구하기로 결심했고, 그에 관해 수많은 책들을 뒤적이며 연구를 지속해 나갔다. 그리고 어린 시절 제임스 4세도 무능했던 아버지로부터 학대를 받았지만, 눈물겨운 노력으로 그 스스로 학대의 고통을 치유하고 극복했다는 사실을 발견했다. 이를 통해 그녀 또한 과거의 고통에서 회복되리라고 확신했다. 그의 전기를 읽고 그를 만나러 샤먼 여행에 나서면서 낸시는 자신

의 과거와 결별하고 우울증에서 벗어날 수 있었고 마침내 수
년 간 복용해 온 항우울제를 끊을 수 있었다.

이사벨이라는 나의 학생은 휴가를 맞아 남편과 함께
하와이 여행을 준비하고 있었다. 그녀는 지혜의 교사를 만나
러 샤먼 여행에 나섰고 여행 전에 혹시 필요한게 무엇일지
물어보았다. 지혜의 교사는 그녀에게 밧줄을 지참하라고 당
부했는데, 애초 등반이나 배낭 여행을 할 생각은 없었기에
이런 조언이 이상해 보이기만 했다. 이사벨은 샤먼 여행 중
에 들었던 조언을 남편과 친구들에게 전해줬고 그들 또한 재
미있다는 듯 웃기만 했다. 그럼에도 밧줄은 가방에 챙겨가기
로 했다. 하와이에서 그녀는 남편과 함께 유명한 산책로를
따라 걸어다녔는데, 그 산책로는 폭우로 인해 여러 차례 산
사태가 발생한 지역에 있었다. 그런데 산책로의 한 지점에서
그들은 그만 미끄러졌고 땅 아래에 갇히고 말았다. 다행히
미리 준비해 온 밧줄이 있었기에 다시 땅 위로 올라올 수 있
었다.

우선 내 삶에 올빼미가 등장하고 머지않아 올빼미로
부터 도움을 받았듯이, 보호령의 존재는 미래에 닥칠 사건으
로부터 우리들을 보호하는 역할을 해준다. 이러한 경험들을
통해 우리는 자신의 보호령이 우리를 사랑하고 보살피는 존
재라는 사실을 실감하게 된다.

자신의 보호령과 관계 맺기

신성 동물, 수호령, 그리고 지혜의 교사는 모두 보호령의 일
부이다. 그런데 여러분의 보호령이 피곤하고 아픈 모습으로

등장하는 경우도 많다. 하지만 그들이 정령(spirits) 혹은 영혼이라는 사실을 잊어서는 안 된다. 정령이나 영혼은 피곤하지도 아프지도 않는 존재다. 그들은 단지 당신의 신체나 감정 상태를 알려주는 역할을 하고 있을 뿐이다. 또한 당신이 그들에게 협력하며 애정을 베푸는지 시험하려고 나타나기도 한다. 당신이 보호령으로부터 받은 지혜와 치유의 능력을 떠올리면, 당신도 이 신성한 존재들에게 사랑과 헌신을 베풀 수 있어야 한다.

신성 동물과 수호령은 서로 질투하는 법이 없다. 하지만 샤먼 여행 중에 자신의 신성 동물이 서로 싸우는 모습을 목격할 때도 있다. 다시 한번 그들이 영혼이나 정령이라는 사실을 잊지 말자. 그들이 서로 싸우는 모습으로 등장한다면 이는 당신의 삶에서 벌어지고 있는 어떤 상황을 연기하고 있는 셈이다. 그들이 서로 싸우는 행동을 통해 당신에게 전달하고 싶은 메시지가 무엇인지 그들에게 직접 물어보라. 그러면 그들의 의도와 행동에 대한 답변을 들을 수 있을 것이다.

비일상적 현실 상태를 모험하거나 삶의 문제에 대한 해답이 필요할 때 좋은 안내자가 되어줄 믿을 만한 신성 동물이나 수호령을 찾아야 한다. 만약 어떤 정령을 보거나 그의 존재를 직감하지만 여러분에게 도움이 되지 않는다고 느껴진다면 그냥 피하는 게 좋다. 마치 산길을 걷다가 마주치고 싶지 않은 파충류나 곤충을 만나면 자연스레 피하는 것처럼 말이다. 샤먼 여행은 아주 안전한 작업이다. 그러므로 여러분이 가고 싶은 세계가 어디인지 그리고 함께 동행하고 싶은 보호령이 누구인지 분명히 알아 둘 필요가 있다.

예로부터 샤먼은 춤과 노래를 동원한 특별한 의식을 수행하며 자신의 신성 동물이나 지혜의 교사와 합일하는 경험을 한다. 이는 푸짐한 제물을 바쳐서 자기만의 보호령을 불러내고 그들이 우리의 신체를 관통하게 만드는 행위로 볼 수 있다. 이 신성한 존재들은 육체가 없는데다 감각적인 즐거움을 누릴 수 없다. 하지만 이런 의식을 통해 보호령의 능력을 전수받고 샤먼은 자신의 보호령이 "춤을 추듯 자신의 신체를 관통"하게 만들어서 그들을 위로하는 것이다.

여러분은 각자 최선의 방식으로 자신의 보호령을 위로하고 예우하는 방법을 터득해야 한다. 보호령의 존재를 인정하고 예우하게 되면 그들은 여러분 곁에 더 오래 머물면서 영적인 삶의 문제를 이해하고 해결하는 데 크나큰 도움을 제공한다. 보호령을 위로하고 예우하는 방법으로 그들에 관해 시를 쓰거나 그림을 그려도 좋다. 혹은 비일상적 현실 세계를 여행할 때 음식을 담은 소풍 바구니를 준비해서 그들을 대접한다. 이 여행의 목적은 단지 감사한 마음을 전하는데 있으며 별다른 질문이나 도움을 요청하지는 않는다. 나는 이런 식으로 지난 20년 동안 샤먼 여행을 하며 나의 보호령들이 내게 베풀어준 선물과 은혜에 보답하며 살았다.

자신만의 보호령을 다른 사람과 공유하는 게 바람직한지를 두고 문화마다 합의된 입장은 없다. 어떤 문화권에서는 개인 각자의 보호령을 그 집단의 구성원 모두가 잘 알고 있다. 하지만 나는 이 문제와 관련해서 여러분이 직접 자신의 보호령에게 물어보는게 가장 좋다고 생각한다. 나의 보호령 중 일부는 자신의 정체를 남들에게 공개해도 좋다고 말해주었다. 그래서 나는 그들과 관련한 글을 쓰고 강연에서 그들에 관한 이야기를 꺼낸다. 그런데 내가 섬기는 중요한 신성 동물은 자신의 정체를 나 혼자만 알고 있기를 원했다. 때때로 여러분의 영적 수행을 남들에게 설명하려면 자신의 보호령의 정체를 드러내는게 좋을 때가 있다. 그렇다면 그 전에 자신의 보호령에게 먼저 허락을 구하도록 하자.

신성 동물과 지혜의 교사는 하위 세계와 상위 세계에 모두 존재한다. 각 세계의 여러 차원에서 서로 다른 신성 동물과 지혜의 교사가 존재하며 그들을 만나기 위해 샤먼 여행에 나서도 좋다. 신성 동물과 지혜의 교사는 여러분이 어느 세계에 가든지 늘 동행하며 좋은 안내자가 되어 준다. 중간 세상을 여행할 때도 그들을 불러낼 수 있고 적절한 보호와 안내를 받을 수 있다. 예를 들어 만일 여러분이 어려운 회의 석상에 참석해야 해서 힘들어하고 있다고 해보자. 그렇다면 명확한 의도를 갖고 자신의 신성 동물이나 지혜의 교사를 불러내는 것이다. 그리고 회의가 진행되는 동안 자신과 함께하며 불안과 답답함을 해소해달라고 부탁하면 된다. 또는 고속도로를 운전해야 하는데 불안이 엄습한다면 자신의 보호령을 불러내서 집에 안전하게 도착할 수 있게 도와 달라고 해도 좋다.

나는 이런 식으로 일상적인 문제를 해결하는데 익숙하다. 나는 비행기를 자주 타는데 늘 비행기 탑승이 두렵기만 하다. 그래서 비행기를 타자마자 일종의 명상에 들어가고 나의 신성 동물, 지혜의 교사인 보호령과 소통하며 목적지에 무사히 도착할 수 있게 해달라고 조용히 요청한다. 또한 나는 승무원과 다른 승객들의 보호령들에게도 모두가 안전하게 비행할 수 있도록 애써 달라고 부탁한다. 샤먼의 눈으로 보면 세상의 모든 존재는 생명이 있고, 각자 나름의 정령을 가지고 있다. 그래서 나는 무사히 도착할 수 있게 비행기의 신성 동물과 보호령에게 소망을 빌기도 한다.

흔히 심신이 탈진하는 상황에서 우리의 보호령은 우

리를 보호하고 보살피는 역할을 한다. 다른 사람들과 밀접하게 소통하고 접촉하게 되면, 에너지 차원에서 여러분은 그들의 감정과 생각을 "끌어 오게" 된다. 한편 도움이 필요한 사람이 여러분의 에너지를 "끌어 갈" 수도 있다. 샤머니즘은 타인과 온전하게 만나고 소통할 수 있는 방법을 제공하는데, 그렇게 해야 타인의 고통에 몰입한 나머지 심신의 에너지가 고갈되고 결국 탈진이나 질병을 초래하는 문제를 막을 수 있기 때문이다. 전통적인 샤먼은 도움이 필요한 타인과 만나기에 앞서 자신의 신성 동물과 지혜의 교사에게 심신의 능력을 전해달라고 그리고 자신과 타인의 경계를 견고하게 만들어달라고 조용히 간청한다.

이런 식으로 여러분도 에너지 차원에서 은밀하게 벌어지는 기의 교환을 막을 수 있고, 타인의 에너지가 여러분에게 그대로 전가되지 않도록 조치할 수 있다. 누구나 사람들로 붐비는 방이나 거리에 들어서기 전에 심신의 에너지를 그대로 유지하고 싶다면 이 방법을 사용할 수 있다.

이렇게 중간 세계로 자신의 보호령을 불러오는 기술은 한낮에 샤먼 여행에 들어서거나 일상의 문제를 해결하려고 샤먼 여행에 나서는 상황과는 여러가지로 다르다. 샤먼 여행에도 적합한 수단이 있는 법이다.

사실 전통적인 샤먼은 샤먼 여행에 나서기 전에 특정한 의식을 수행하며, 자신의 보호령을 만나려고 비일상적 현실 상태로 진입하는 여행의 일정을 선택할 때도 매우 신중한 태도를 보인다. 비일상적 현실 상태에 들어서고 나오는 나름의 원칙을 신중하게 따르지 못하는 사람은 샤머니즘을 수행하는 것이 아니라 정신병의 세계로 들어갈 뿐이다. 정신 질환을 앓고 있는 사람은 그들이 있는 곳이 어느 세상인지를 전혀 알지 못한다. 반면 샤먼의 여행은 늘 신중하고 분명한 목적과 의도를 가지고 이루어진다.

　　　여러분이 정기적으로 샤먼 여행을 연마하면 여러분과 동참하는 보호령이 늘 여러분에게 필요한 도움과 기술을 전수해준다는 점을 깨닫게 된다. 물론 각자의 현실에서 스스로 선택하고 스스로 책임지는 태도가 중요하다. 자신의 보호령이 삶의 모든 문제를 대신해 줄 수 없다. 하지만 끝없이 이어지는 영혼의 여정에서 진실한 조언과 조력을 제공하는 존재는 다름 아닌 자신의 보호령임을 잊지 말자 ☯

Chapter 4
샤먼 여행을 준비하다

전통적인 샤먼은 샤먼 여행에 적합한 의례와 의식을 만들어 왔다. 그들은 분명한 의도와 목적을 가지고 여행에 나섰다. 몸과 마음을 정화하기 위해 노래하고 춤을 추며 만반의 준비를 하는데, 그래야만 우주의 정기를 담아내는 진실한 도구, 다시 말해 신성 통로(hollow bone)로 변신할 수 있기 때문이다.

처음 샤먼 여행을 떠난다면 여행의 의도와 목적을 명확하게 새겨야 한다. 그저 하위 세계, 중간 세계, 상위 세계에 진입하고 싶다해도 그게 바로 사먼 여행의 목적임을 분명히 하자. 만약 어떤 질문이 있어 여행에 나선다면 그 질문을 마음 속으로 여러 번 반복하라. 물론 분명한 목적 없이 바닥에 누워 샤먼의 북소리를 듣기만해도 강렬한 체험을 경험하는 사람들이 있다. 하지만 목적없이 샤먼 여행에 나서면 몽롱하고 혼란스러운 경험을 더 자주 하게 된다. 샤먼 여행이든 고요한 명상이든 모든 영적 수행의 본질은 "집중"하는 힘에 있다. 일상의 근심이나 산만한 생각에 휘둘리지 않고 오직 샤먼 여행에만 집중할 수 방법을 고민해야 한다. 또한 하루 중에 샤먼 여행에 가장 적합한 시간이 언제인지 결정하는 것도 매우 중요하다. 시간을 바꿔가며 최고의 집중력을 발휘할 수 있는 시간대를 찾아야 한다. 활기 있고 생각이 또렷해서 온갖 잡념에 시달리지 않는 시간대 말이다. 본격적으로 일상이 시작되기 전 아침 시간이 가장 좋다고 보는 사람들이 많이 있다. 늦은 오후는 샤먼 여행에 적합한 시간은 아닌 것 같다. 이 시간대에 샤먼 여행을 하게 되면 여행 장면이 자주 분산되고 혼란스럽다는 불평이 많다. 일부 사람들은 잠들기 직전의 샤먼 여행을 선호한다. 나는 다른 사람을 대신해 샤먼 여행을 하게 되면 하루 중 어느 때나 상관이 없지만, 나 스스로 샤먼 여행에 나설 때면 아침 시간에 가장 선명한 체험을 하게 된다. 조용히 숙면을 취하고 일어나서 본격적인 일상이 펼쳐지기 바로 직전에 말이다.

　　샤먼 여행에 필요한 보편적인 식단이 별도로 존재하지는 않는다. 다만 문화별로 차이가 있지만 보통 샤먼들은 특별한 의식과 치유 작업을 진행하기에 앞서 특별한 식단을 고집하는 경향이 있다. 여러분의 집중력을 향상시키거나 저해하는 음식이 따로 있는지 직접 알아봐야한다. 일반적으로 알코올은 집중력을 유지하는 데 방해가 되며 샤먼 여행을 하는 동안 의식을 활성화는데도 방해가 된다. 또한 샤먼 여행 전에 과식을 하게되면 신체는 소화작용에 돌입하면서 집중력은 약화되고 의식의 각성도 저해되고 만다. 어떤 사람들은 카페인이 집중력을 높이는데 도움을 준다고 한다. 분명 나의 경우 소량의 카페인은 샤먼 여행 중에 선명한 자각을 불러오기는 했지만, 다량의 카페인 섭취는 나와 비일상적 현실 세계 사이에 높은 장벽을 쳐버리는 것 같았다. 샤먼 여행을 하려면 남들에게 방해받지 않는 조용하고 안락한 장소가 필요하다. 핸드폰도 미리 꺼두는게 좋다. 눕거나 혹은 앉은 자세로도 여행을 할 수 있다. 선명한 상태로 샤먼 여행을 하려면 깨어있어야지 너무 편안한 나머지 잠이 들어서는 안 된다.

적합한 장소를 물색했다면 이제 산소가 신체 속으로 원활하게 순환되도록 미리 준비 운동을 하는게 좋다. 춤을 추거나 노래를 부르고 혹은 기도문을 암송해도 좋고 아니면 다양한 방식으로 몸을 움직여 본다. 이렇게 하면 마음을 활짝 열어서 모든 생명과 하나가 되는 느낌을 갖게 된다. 몸동작, 춤이나 노래, 혹은 암송 활동은 자의식을 허물어버리고 샤먼 여행을 보다 선명하게 실현하는데 도움이 된다. 게다가 정령이나 영혼은 우리의 마음 속에서 우리와 소통하는데 우리는 샤먼 여행을 통해 우리의 마음 속 풍경을 실제 들여다보게 된다. 마음이 활짝 열리도록 느긋하게 심호흡을 하면 도움이 된다. 샤먼 여행에 집중하기가 어렵다고 하는 사람들이 있다. 나는 그들에게 심호흡을 하면서 몸과 마음 깊은 곳까지 숨을 들이쉬도록 하는데, 이런 간단한 작업만으로도 샤먼 여행에 성공하는 분들을 많이 봐왔다. 샤먼 여행 중에 집중력이 흩어지거나 어떤 의미 있는 경험도 하지 못한다면 심호흡을 해서 마음 속 깊은 곳까지 숨을 들이쉬도록 하라. 그러면서 여행의 목적과 자신이 원하는 바를 분명하게 되새기자. 그러면 다시 집중력을 회복하고 올바른 여행의 길로 들어서게 된다.

샤먼에 대한 여러 정의 중 하나는 "어둠 속에서 보는 자" 이다. 이는 샤먼 여행이 완전한 어둠 속에서 더 쉽게 이뤄진다는 말이기도 하다. 어떤 사람들은 실내를 어둡게 하려고 가림막이나 커튼을 친다. 아니면 반다나, 스카프, 안대처럼 다양한 눈가림개를 사용할 수도 있다. 어떤 방법이든 편한 대로 하면 된다.

다시 한 번, 샤먼 여행을 선명하게 경험하고 싶다면 여행에 앞서 그리고 여행 중에 느긋하게 심호흡을 한다. 그리고 샤먼의 북소리를 틀기 전 마음 속으로 여행의 목적을 분명하게 새기자. 명확한 목적과 집중력을 유지하려면 이 과정을 자주 반복하는 게 좋다. 그런 후에 자연 속의 어느 특정 장소를 머리 속에 떠올리고 하위 세계 혹은 상위 세계로 떠날 준비를 한다. 만일 중간 세계를 여행한다면 자연의 시작 장소를 시각화한다. 그 세계로 들어갈 수 있는 구체적인 문을 상상해본다.

샤먼 여행에서 여러분은 자신이 가고 싶은 세계, 자신이 말을 걸고 싶은 존재나 대상, 혹은 여행을 마치고 돌아올 시간 등을 온전하게 통제할 수 있다. 샤먼 여행은 잠을 자다 꾸는 꿈과는 전혀 다르다. 특별히 자각몽(lucid dream)을 연마한 게 아니라면 꿈 속에서 벌어지는 사건을 통제한다는 건 불가능하다. 실제 악몽을 꾸게 되면 어쩔 수 없이 악몽이 끝날 때까지 옴짝달싹 못하게 된다. 샤먼 여행은 보통의 꿈과는 전혀 다르다. 샤먼 여행을 하며 여러분은 스스로 하위 세계, 중간 세계, 상위 세계 중 어디로 갈 지를 선택할 수 있다. 정령에게 말을 걸 수도 있고 그렇지 않을 수도 있다. 다만 여러분이 이전 여행에서 만났던 특정한 보호령을 다시 만나는 게 여행의 목적이라 해서 그 보호령이 기꺼이 여러분을 도와줄지 아닐지는 여러분이 선택할 수 없다. 언제나 우연의 여지가 있으니 기쁘게 받아들이면 된다.

60

샤먼 여행에서 샤먼 북의 역할

여러 문화권에서 샤먼은 단조롭고 반복적인 북소리를 들으며 변성의식 상태(altered state of consciousness)로 들어가면서 샤먼 여행에 나선다. 짤랑 소리를 내는 타악기나 막대

소리 혹은 종소리 등을 사용하는 경우도 있다. 호주의 샤먼들은 대나무로 만든 디제리두(didgeridoo)라는 타악기나 딱딱거리는 막대 소리를 사용한다. 라플란드와 노르웨이에서는 북이나 조이킹(joiking)이라 불리는 단조로운 가락의 노래를 사용한다. 이런 다양한 악기에서 나는 소리를 들으며 샤먼은 변성의식 상태로 들어가고 우리 눈에 보이지 않는 세계로 자유롭게 여행을 떠난다.

현대의 과학기술은 변성의식 상태의 뇌파를 측정할 수 있다. 과학자들은 일상적인 의식 상태에서 작용하는 뇌파를 베타파(a beta state)라고 부른다. 하지만 우리가 규칙적인 북소리를 듣게 되면 뇌파의 활동이 점차 둔화된다는 사실을 알게 되었다. 우선 뇌파의 활동이 점차 느려지면서 알파파 상태(the alpha state)가 되는데, 이는 명상에 막 들어선 상태의 신호로 볼 수 있다. 이 후 뇌파 활동은 점점 더 느려지면서 세타파(a theta state)상태로 변하게 된다. 바로 이 세타파 상태에서 우리는 눈에 보이지 않는 세계를 탐험할 수 있고, 그 곳에서 우리의 보호령과 접촉하고 소통하게 된다.

물론 악기에 의존하지 않아도 샤먼 여행을 할 수는 있다. 하지만 타악기나 다른 음악 소리를 규칙적으로 듣게 되면 쉽게 변성의식 상태에 들어갈 수 있고 샤먼 수행에 더욱 집중하면서 체계적인 수행을 이어나갈 수 있다. 하루종일 자연스럽게 직관과 통찰을 경험하는 특별한 날이 있기는 하다. 하지만 주기적으로 샤먼 수행을 반복하다보면 그렇지 않은 날과 비교해 전혀 다른 일상을 경험하게 된다.

일부 전통적인 샤먼들은 향정신성 식물, 즉 환각 식물(hallucinogens)이나 환영 식물(vision plants)이라고 부르는 특별한 식물을 사용한다. 아마존과 일부 남미 지역에는 이런 환각 식물들이 다양하게 존재하며 그 지역의 샤먼들은 공동체를 치유하고 신성한 계시를 전해듣기 위해 이런 환각 식물들을 자주 사용한다. 다른 지역에서도 이런 목적으로 특별한 환각 버섯이나 식물을 사용한 증거는 풍부하게 존재한다. 물론 식물의 환각 효과는 인류학자들 사이에서 격렬한 논쟁의 주제이기도 했다.

그러나 전통적으로도 다수의 샤먼들이 북 혹은 짤랑거리거나 그 외 다른 소리를 내는 타악기를 자주 사용해왔기에, 나 또한 북소리나 종소리가 현대 사회에서 손쉽게 접할 수 있는 가장 효과적인 샤먼 여행의 도구라고 생각한다. 우리가 현대 세계의 문제를 해결하기 위해 샤머니즘의 전통에 의존한다면 당연 현대인들에게 안전하면서도 바람직한 방법을 고민해야 한다.

전통적인 샤먼들은 비일상적 현실 상태에 진입하려고 그들만의 고유한 북소리 리듬을 고안해왔다. 하지만 인류학자이며 동시에 샤먼이기도 한 마이클 하너 박사(Dr. Michael Harner)는 샤먼 여행에 입문하려면 하나의 단조로운 북소리 리듬을 듣는 게 가장 좋다고 한다. 유튜브에서 'Sandra Ingerman'으로 검색하면 나오는 북소리 음원들이 있다. 하너 박사의 조언대로 단조로운 리듬을 녹음한 자료다. 휘파람 소리와 딸랑거리는 소리도 함께 녹음한 버전도 있는데, 처음 20분 동안 북소리 리듬이 반복되고 중간 중간 휘파람과 방울뱀 소리가 들려온다. 이렇게 해서 샤먼의 세계로 서서히 진입할 준비를 하는 것이다. 휘파람 소리와 방울뱀 소리는 자신의 보호령을 부르는 수단이다. 이 외에도 여러분은 다양한 음원을 찾을 수 있다. 좀 더 길게 지속되는 북소리 음원이 있는데, 처음 20분 동안 두 개의 북소리가 들려오고 나머지 30

분 동안 하나의 북소리가 뒤를 잇는다. 이러한 여러 개의 음원을 들어보면서 자신에게 가장 편한 음원의 지속 시간을 확인하는게 중요하다.

북이나 래틀을 만들기

평소 집안의 물건을 이용해 딸랑거리는 소리를 내는 악기인 래틀을 손수 만들 수도 있다. 옥수수 알갱이나 작은 돌맹이를 가져다 속이 비어있는 캔이나 별도의 용기에 집어넣으면 된다. 정말 훌륭한 소리가 난다. 귀에 거슬리지 않고 듣기 좋은 소리가 나야하는데, 나는 옥수수 알갱이의 소리를 좋아해서 내가 집에서 만든 악기는 거의 대부분 옥수수 알갱이가 가득 차 있다. 하지만 시간을 내기 어려운 경우 급한대로 별도의 용기가 아니라 알약이 든 병이나 비타민 영양제가 든 병을 그대로 사용하는데 그렇더라도 샤먼 여행에 적지 않은 도움이 된다. 아니면 산과 들로 직접 나가서 자연에서 나온 재료로 래틀이나 북을 만들 수도 있다. 사실 세상 모든 것은 신성한 의도로 사용할 수 있는 법이다.

만일 별도의 북이나 래틀을 구매한다면 듣기에 편안하고 변성의식에 들어가는 데 도움이 되는 소리를 찾는 게 중요하다. 저음을 선호하는 사람도 있고, 고음을 선호하는 사람도 있다. 북과 래틀 소리는 모두 제각각이므로 구매하기 전에 반드시 여러 번 시연하는 게 좋다.

동물 가죽으로 제작된 북은 날씨 변화에 아주 민감해서 북소리에 영향을 준다. 예를 들어 습도가 높은 날에는 북 가죽이 느슨해져서 선명한 소리가 나지 않는다. 과거에 샤먼들은 북의 가죽이 너무 늘어져 좋은 소리가 나지 않으면 의식에 사용하는 불을 피워서 북을 건조하게 만들었다. 지금이라면 헤어드라이어를 사용해서 북의 가죽을 말릴 수 있다. 한편 날씨가 덥고 건조하면 가죽은 팽팽해지고 고음의 음색을 낸다. 이런 경우 가죽에 일정량의 습기를 더해줘야 한다. 내가 녹음한 북소리 음원에는 레모(Remo)라는 악기사의 북을 사용했다. 이 북은 섬유 가죽으로 제작되어서, 날씨와 상관없이 일정한 소리를 유지한다. 게다가 레모의 북은 동물 가죽을 재료로 사용하지 않는다. 그래서 동물 가죽으로 만든 북이 생명 윤리를 무시한다고 믿는 사람들도 사용할 수 있다. 비록 내가 사용하는 레모의 북이 진짜 가죽이 아닌 합성 재료로 만들어졌어도, 북을 칠 때마다 나는 생생하게 살아 숨쉬는 강력한 정령의 존재를 느낄 수 있다.

   강렬한 샤먼 여행을 체험하고 싶다면 북이나 래틀의 다양한 리듬과 속도를 실제로 경험하고 판단하는 수 밖에 없다. 어떤 사람은 느린 박자를 선호하다보니 조금만 빠른 박자의 북소리를 듣게 되면 마치 성급하게 샤먼 여행에 휩쓸려가는 느낌을 받게 된다. 내가 제공하는 북소리에 만족하지

말고 자신에게 적합한 리듬이나 속도로 제작된 북소리를 발견한다면 이를 녹음하거나 휴대하면서 자기만의 샤먼 여행에 적극 활용해보자. 또한 스피커나 헤드폰으로 북소리를 들었을 때 그 차이를 세심하게 구별하면서 어느 기기가 자신에게 더 적합한지 알아야 한다. 자신의 신체 리듬에 잘 부합하면서 집중력도 높여주는 기기가 있다. 샤먼 여행을 하며 북소리를 듣다 보면 마음이 편안해져서 그만 잠이 드는 경우가 있다. 특히 몸과 마음이 너무 피곤해서 집중력이 떨어지는 상황에서 더욱 그렇다. 샤먼 여행 도중 잠이 든다고 해서 위험할 일은 전혀 없다. 오히려 그렇게 잠에 들고 깨어나게 되면 몸과 마음이 더 상쾌해진 느낌을 갖게 된다.

샤먼 여행에서 돌아오다

누구나 예기치 않은 사건으로 샤먼 여행을 도중에 중단하고 싶지는 않을 것이다. 그러나 우리 주변은 뜻밖의 소음과 사건으로 얼룩져 있다. 우리는 그런 현실에 대처하는 법도 배워야한다. 나는 샤먼 여행 중에 주변에서 들려오는 소음에 방해받지 않으려고 부단히 노력해 왔다. 사실 나는 주변 소음이 더 이상 장애물로 느껴지지 않을 만큼 샤먼 여행에 더 깊숙이 몰입하는 편이다. 만약 여행 도중 예기치 못한 소음이나 사건이 벌어지고 샤먼 여행에서 이탈하게 되면 다시 북소리에 정신을 집중하며 여행했던 원래의 지점으로 돌아간다.

     샤먼 여행을 마치고 현실 세계로 돌아오려면 순수한 의지, 목적, 그리고 선택의 자세가 필요하다. 원하는 정보를 모두 얻지 못하거나 비일상적 현실 상태에서 다른 차원의 세계로 가고 싶다면 언제든 다시 샤먼 여행에 나서면 된다.

북소리를 듣고 샤먼 여행에 들어선 사람에게 나는 절대 말을 걸지 않는다. 하지만 이제 여행을 마치고 현실로 돌아올 수 있도록 북소리의 리듬과 속도에 변화를 준다. 하지만 현실 복귀의 신호가 되는 북소리의 변화가 있기 전에 그만 샤먼 여행을 마치고 싶을 때가 있다. 그런 경우에는 비일상적 현실 상태에서 말을 나눈 존재들에게 그저 "고마웠어" 그리고 "이제 안녕"이라고 말하며 발걸음을 돌리면 된다. 당신이 비일상적 현실 상태에 진입하려고 들어섰던 입구나 뛰어내린 지점으로 다시 거슬러 올라가는 모습을 보고 경험해야 한다. 그리고 당신이 눕거나 앉아 있던 현실의 방으로 돌아와서 헤드폰을 벗고 북소리 음원도 끄도록 한다. 샤먼 여행을 중단하고 현실로 복귀하라는 신호를 기다릴 필요가 없는 것이다. 하지만 다수의 사람들은 북소리의 변화에 맞춰 현실로 돌아오는 신호를 따르는게 더 좋았다고 말한다.

대체로 현실로 복귀하는 신호는 7번의 짧은 북소리가 네 번 반복되는 게 보통이다. 다시 말하지만 자신과 대화했던 정령들에게 "고마워" 그리고 "이제 안녕" 이라고 꼭 말해야 한다. 설령 어느 보호령과도 같이 있지 않았어도 "고마워", "이제 안녕"이라는 말을 잊어서는 안 된다. 그 이유는 "안녕"이라는 작별의 인사가 여러분의 마음 속에 어떤 활동이 이제 끝났다는 암시를 주기 때문이다. 그리고 이런 "안녕"이라는 발언이 샤먼 여행을 마치고 현실로 돌아와서 일상의 삶에 더 잘 적응하도록 돕기 때문이다. 샤먼이 비일상적 현실 상태로의 여행하고 다시 일상의 현실로 복귀하는 과정은 늘 몰입과 원칙을 기반으로 한다. 7번의 짧은 북소리가 네 번 반복되고 나면 다시 1분 정도 빠른 북소리가 들릴 것이다. 이렇게 북소리가 빠르게 나는 동안 여러분은 샤먼 여행을 시작했던 원래의 장소나 지점으로 돌아오고 다시 자신이 눕거나 앉아 있던 현실의 방안으로 들어선다. 그리고 다시 7번의 짧은 북소리를 또 4번 듣게 될 것이다. 이제 드디어 모든 여행이 마무리된 것이다. 안대를 벗고 눈을 뜨고 음원도 모두 끄면 된다.

자신의 샤먼 여행을 천천히 뒤집어 보며 그 경험을 노트에 기록하는 게 좋을 지도 모른다. 그리고 진심 어린 충고를 하자면 이런 작업은 여유 있게 진행하되 자기 자신에게 가혹해서는 안 된다. 내가 만난 사람들 중에 샤먼 여행에 실패한 사람은 단 한 명도 없었다. 하지만 충분한 준비 없이 여러 번 샤먼 여행을 시도한 사람들은 의외로 많았다. 다시 한번 당부하지만 수행을 게을리해서는 안 된다. 느긋한 마음으로 가슴 속 깊이 숨을 들이 쉬고, 시각에만 의존하기 보다는 모든 감각에 집중하고, 여행의 목적을 분명하게 하고 나면 어렵지 않게 샤먼 여행에 나설 수 있다.

불행히도 우리는 즉각적인 보상이 주어져야만 만족하는 사회에 살고 있다. 그러나 샤먼의 여행은 평생에 걸친 영적 수행이다. 그리고 이 부단한 수행을 통해 우리가 궁극적으로 도달해야 할 특별한 목적지가 있는 것도 아니다. 몇 번에 불과하든 혹은 한 평생 이어진 샤먼 여행이든 우리가 반드시 가야만 하는 세상이 따로 있는 것은 아니다. 한번은 학생들과 공동 작업을 하려고 시베리아에서 미국까지 날아 온 시베리아의 울지족(Ulcch) 출신의 샤먼을 만난 적이 있다. 다시 그분은 90대의 노령이었고 17세부터 샤먼 여행을 해왔다고 한다. 그런데 그분은 샤먼 여행과 관련해서 자신은 여전히 아기에 불과하다고 말씀하셨다. 이야말로 샤먼 여행에 들어선 모든 사람들이 가슴 깊이 새겨야할 샤먼의 진실한 몸가짐이다.

마지막 경고: 운전 중에는 샤먼의 북소리를 듣지 말 것! 😵

Chapter 5
샤먼 여행에 대한 질문과 답변

Q. 모든 감각을 동원해야만 샤먼 여행에 성공할 수 있나요?

샤먼 여행을 시작해 비일상적 현실 세계에 들어서면 한 두개 이상의 감각 기능이 다른 기능에 비해 더 활성화되는 경우가 많다. 어떤 사람들은 투시력이 강화되면서 여행 중에 특정 장면이나 이미지 혹은 상징들을 더 구체적으로 보게 된다. 또 어떤 사람들은 청각 능력이 고도로 강화되면서 보호령의 목소리나 메시지를 더 잘 알아듣게 된다. 한편 촉각 능력이 고도로 발달하면서 신체를 통해 정보나 메시지 의미를 이해하는 사람들도 있다. 또 어떤 사람들은 감각 능력들이 서로 통합되어 나타나기도 한다. 샤먼 여행 중에 나는 청각이 고도로 민감해져서 보호령이 보내는 정보를 텔레파시로 전해 듣는다. 그리고 시각, 촉각, 후각, 미각이 정교하게 작동하지는 않아도 여전히 이런 감각 기능에도 의지한다.

샤먼 관련 자료를 찾다보면 "샤먼의 투시력"라는 용어가 자주 등장한다. 샤먼은 자신의 눈이 아니라 가슴으로 세상을 내다본다. 또한 온갖 정령들도 인간의 정신이 아니라 가슴을 통해서 우리와 소통한다. 그러나 영화, TV, 컴퓨터가

지배하는 현대 세계는 압도적으로 시각 기능에만 의존한다. 그래서 샤먼 여행을 가르치며 마주치는 가장 큰 어려움은 사람들이 마치 TV나 영화의 장면을 보듯이 그렇게 샤먼 여행을 보면 안 된다고 가르치는 일이다. 사람들의 목소리, 음악, 그리고 자연의 소리가 전혀 들리지 않는다고 상상해보자. 그리고 냄새나 향도 맡을 수 없고, 맛도 느낄 수 없다고 말이다. 혹은 타인을 만져도 전혀 감각이 느껴지지 않는다고 상상해 보는 것이다. 삶이란 인간의 모든 감각 기관이 작동하면서 풍부한 느낌을 갖게 되며 이는 샤먼 여행에서도 마찬가지다. 아쉽지만 사람들은 시각적인 체험을 하지 못하면 샤먼 여행은 실패한거라고 자주 속단한다. 그래서 나는 사람들이 비일상적 현실 상태에 들어서면 그들의 모든 감각을 일깨우려고 무척이나 애를 쓴다.

경험에 의하면 일상 세계에서 가장 활성화된 감각이 비일상적 현실 세계에서는 가장 빈약해지는 경우가 많다. 예를 들어 화가들은 샤먼 여행 중에 시각이 아니 촉각이나 청각을 통해 정보나 메시지를 전해 듣는다. 일상에서 가장 위축되었던 감각이 샤먼 여행을 통해 깨어나고 가장 강렬한 감각으로 변모하는 체험은 분명 뜻밖의 선물이다.

주의할 점은 비일상적 현실 세계에서 가장 강렬했던 감각을 분명히 알아채고 자신의 여행 경험을 충분히 신뢰해야 한다는 사실이다. 그 체험이 원래의 기대와 달랐다고 해도 말이다. 한 동안 샤먼 여행에 성공하고 나면 그 곳에서 보고, 듣고, 느끼고, 맛보고, 냄새 맡는 행위가 실제의 현실과 크게 다르지 않다는 걸 깨닫게 될 것이다. 그리고 샤먼 여행을 하며 모든 감각 기관들이 활성화되고 정교해지다보니 현실에서의 직관 능력도 더욱 선명하게 발휘된다. 즉 일상 세계의 경험과는 달리 누구나 샤먼 여행을 통해 자기만의 고유한 언어를 발견하고 개발하게 된다. 그리고 이 독창적인 언어로 인해 실제 현실의 삶도 긍정적으로 변모하게 된다.

한편 특이한 형식의 샤먼 여행이 있다. 어떤 사람들은 여행 도중 자신의 보호령을 만나 함께 걸어가는 자신을 경험한다. 또 어떤 사람들은 샤먼 여행에서 벗어나 마치 영화를 보듯 자신이 등장하는 샤먼 여행을 바라보는 경험을 한다. 그리고 어떤 사람들은 자신이 신성 동물이나 지혜의 교사와 서로 합쳐져 한 몸이 된 상태로 샤먼 여행을 한다. 신성 동물, 지혜의 교사, 혹은 수호령과 합쳐지고 일체가 되는 경험은 결국 우주의 생명력과 결합되는 사건이므로 이는 강렬한 방식의 샤먼 여행에 해당한다. 마찬가지로 이는 강렬한 치유의 경험으로도 볼 수 있다. 이처럼 여행의 성격과 경험의 수준에 따라 각자가 서로 다른 방식으로 샤먼 여행을 경험하게 된다.

샤먼 여행 중에 벌어지는 모든 사건이 여러분이 궁극적으로 찾아 헤매는 해답의 실마리가 된다. 여러분이 보고, 듣고, 느끼고, 냄새 맡고, 맛보는 주변 세계의 정황을 또렷하게 의식해야만 한다. 사람들은 대부분 자신의 신성 동물이나 지혜의 교사가 전해주는 해답에만 초점을 맞추지만, 샤먼 여행 속의 날씨마저도 여러분이 찾는 해답의 실마리가 된다. 심지어 하늘에 떠 있는 태양의 위치, 낮과 밤의 시간까지도 여러분이 던진 질문의 해답이 될 수 있다.

Q. 보호령과 우리는 어떤 방식으로 소통하고 서로 이해하나요?

샤먼 여행 중에 정령들과 소통하는 방법은 여러 가지가 있다. 그 중 하나는 일종의 텔레파시를 통해 소통하는 방법이다. 자신의 신성 동물, 수호령, 혹은 지혜의 교사가 입으로 말하지는 않아도 그들이 전하는 메시지를 알아들을 수 있고, 직접 보고 느낄 수도 있다. 아니면 정령들은 여러분이 던지는 질문에 대한 답변으로 어떤 상징이나 이미지를 보여주기도 한다. 혹은 해답의 실마리가 되는 장면을 보여주려고 여러분을 특정 장소로 데려가기도 한다. 하지만 가장 보편적인 소통 방식은 은유(metaphor)를 통해서 이루어진다. 은유는 모든 영적 전통을 가로지르는 가르침에 해당한다.

예를 들어 예수님께서는 아람어(the Aramic language)로 말씀하셨는데, 아람어는 매우 은유적이고 상징적인 언어였다. 신약 성서가 아람어를 시작으로 그리스어로, 라틴어로, 결국 영어로 번역되는 과정에서 성서의 은유는 문자 그대로 번역되었고 일부 은유 표현의 단어는 그 의미가 변하는 경우도 잦았다. 아람어에는 "선"이나 "악"을 의미하는 단어가 없다. 이에 해당하는 아람어 단어는 그나마 "익은(ripe)"과 "익지 않은(unripe)"인데, 이는 유기체의 지속적인 성장 과정의 한 특징을 보여줄 뿐이다. 하지만 이 아람어의 의미는 성서가 그리스어로 그리고 영어로 번역되면서 "선"과 "악"이라는 단어로 대체되었다. 이러한 오역 사례는 유대-기독교 문화가 성장하는 토대가 되었고, 그 결과 인간의 본성은 자연의 순환 속에서 미숙(unreadiness)과 성숙(readiness)이라는 성장의 변화과정을 더 이상 반영하지 못하게 되었다.

해답이 문자 그대로 주어진다면 오직 하나의 길만 따라가면 된다. 하지만 정령과의 소통은 은유를 통해 이루어지므로 그들의 가르침과 그 의미를 해석하는 데 다양한 차원의 가능성이 존재한다. 내 생각에 정령들과 은유적으로 소통하면서는 우리는 자기 자신과 자신이 처한 상황을 다층적으로 이해하는데 적지 않은 영감을 받는다. 그리고 은유와 시적 상징은 서로 상이한 차원을 하나로 엮어내면서 모든 존재가 상호연결되어 있다는 가르침을 전달해준다.

몇 년 전 나는 새삼 은유적 언어의 중요성을 깨우쳐준 강렬한 체험의 샤먼 여행을 했다. 나는 신성 동물에게 내 삶에 필요한 것이 무엇인지를 질문했다. 그는 내게 정원을 더 잘 가꾸라고 대답했다. 당시 나는 자주 여행를 다녔고 내가 사는 장소도 별로 비옥한 지역은 아니어서 그 대답이 엉뚱하게만 들렸다. 그럼에도 그해 여름 여행 중간에 몇 달은 정원을 가꾸는데 힘을 쏟았다.

그리고 여름이 끝나갈 무렵, 나는 신성 동물의 그 애매한 대답을 곧이곧대로 이해한 게 크나큰 실수임을 깨달았다. 나의 신성 동물은 정원의 이미지를 은유로 사용했던 것이다. 다시 말해 인생이라는 정원, 그리고 나의 신체라는 정원을 내가 어떻게 돌보고 있는지 돌아보라는 뜻이었다. 신성 동물은 인생이라는 정원에서 내가 나의 학생들을 제대로 가르치고 있는지, 그리고 나의 내담자들과 올바르게 지내고 있는지 고민하라고 말한 것이었다. 즉 내가 강의와 수업을 이어오며 그들의 마음 속에 사랑과 희망과 영감의 씨앗을 뿌리고 있는지, 아니면 두려움의 씨앗을 뿌리고 있는지, 신성 동물은 내 입에서 나오는 말 모두가 일종의 씨앗이라고, 그리고 내 말에서 어떤 꽃과 나무가 자라나는지 잘 살펴보라고 주문한 것이었다.

그 다음에 나는 샤먼 여행을 하며 그 신성 동물을 다

시 만났다. 그는 내게 자기 말의 진실한 의도를 이해하는데 얼마나 많은 시간이 걸릴지 궁금했다고 말했다. 그러면서 내가 실제 정원을 가꾸는 과정을 지켜보며 마음에 들었고, 그런 작업이 그저 시간낭비는 아니었다고 귀뜸해주었다. 하지만 사실 자신은 우표만한 집 마당의 작은 텃밭이 아니라 인생이라는 큰 그림을 보여주려 애썼다고 말했다. 그는 정말 많은 사람들이 불안과 절망으로 신음하고 있으며, 그런 그들에게 사랑과 희망을 이야기하는게 얼마나 소중한 일인지 말해주고 싶었다고 한다. 전통적으로 샤먼은 자신이 속한 공동체의 심리상담가의 역할을 해왔다. 그들은 고통받는 내담자들을 치유하는데 필요한 이야기를 많이 알고 있었다. 나의 신성 동물이 내게 요구하는 것은 늘 한결같았다. 즉 강의와 수행과 인생을 통틀어 내가 만나는 모든 사람들에게 치유의 이야기를 들려주는 것이다. 이보다 더 소중한 가르침은 없다.

　　　　내 경험에 따르면 우리의 보호령은 언제나 우리로 하여금 경계를 넘어서고 지속적으로 성장하도록 도와준다. 그들은 우리 스스로 긍정적인 변화를 경험하고 충만하며 의미있는 삶을 살아가도록 격려한다. 한편 그들은 우리가 일상적인 현실의 편협한 믿음에 사로 잡혀서 자연과 보이지 않는 미지의 세계와 분리되어 있다는 사실을 깨닫도록 도와준다. 그들은 바로 은유를 통해 우리에게 말을 걸어온다. 은유를 통해 우리 자신과 현실에 대한 해석을 풍요롭게 만든다. 은유는 문자적 의미에 집착하다 갇혀 버린 편협한 세계에서 우리를 해방시키고 삶의 큰 그림을 볼 수 있게 해 준다. 만일 나의 신성 동물이 전해준 은유의 의미를 깊이 성찰하지 못했다면 아마 나는 아직도 텃밭을 가꾸면서 하루 종일 고생하고 있었을지 모른다.

Q. 자신의 보호령에게 어떤 방식으로 질문해야
하나요?

내 경험에 의하면 성공적인 샤먼 여행에는 중요한 요소가 두
가지 있다. 우선 샤먼 여행의 의도를 분명하게 가다듬고 이
어서 올바르고 정확하게 질문하는 것이다. 가장 좋은 질문은
누가, 무엇을, 어디서, 왜, 어떻게 등 육하원칙의 질문으로 시
작하는 것이다.

처음 샤먼 여행에 나서면 여행을 한 번 할 때마다 하
나의 질문을 하는게 좋다. 질문을 '그리고' '혹은' 처럼 연달
아 붙이지 않는게 좋다. 하나의 질문 속에 두 개 이상의 질문
을 섞어 넣으면 안 된다. 잘 알다시피 보호령은 상징이나 은
유로 대답하는 경우가 많다. 그렇게 되면 여러 질문 중에 어
느 질문에 대답하는지 구별하기 힘들다. 보호령이 첫 질문의
답변을 마치고 그 다음 질문에 대답하는 것 같지만 실제로는
첫 질문과 관련하여 추가적으로 말을 이어가는 상황일 수도
있다. 자신의 보호령이 전하는 메시지를 올바르게 이해하기
전에는 여행을 한 번 할 때마다 질문은 하나만 하는 게 제일
좋다. 더 궁금한게 있다면 다음 번 샤먼 여행 중에 얼마든지
다시 질문할 수 있다.

경험이 쌓이면 샤먼 여행 동안 하나 이상의 질문도 하
게 된다. 현재 나는 나만의 보호령과 나누는 소통 방식에 익
숙하다보니 이제는 긴 대화도 나눌 수 있다. 하지만 이렇게
되기까지 많은 시간이 소요되고 충분한 연습이 필요했다.

중요한 결정을 두고 도움을 받으려면 질문을 제대로
하고 가급적 충분한 내용을 담은 답변을 들어야 한다. 단순
히 '예'나 '아니오'로 답변할 수 있는 질문은 어려운 결정을

내릴 때 전혀 도움이 되지 않는다. 마찬가지로 내가 "해야 하나요?" 혹은 "하지 말아야 하나요?" 같은 질문도 바람직하지 않다. 예를 들어 사람들은 자신의 보호령에게 그 사람과 결혼을 해야할지 말아야 할지와 같은 질문을 자주 한다. 만약 "해야 할까요?"라는 식으로 질문했을 때 신성 동물이 "예"라고 대답하면 마치 결혼 생활이 행복할 것 같은 인상을 받게 된다. 하지만 이후의 결혼 생활이 힘들어지면 그 때 자신의 신성 동물이 왜 그렇게 대답했는지 이해하기 힘들어진다. 하지만 여러분의 보호령은 이 결혼을 고통스럽지만 소중한 삶의 교훈을 배우는 기회로 여겼을 수 있다. 보호령은 삶의 위험으로부터 우리를 보호하지만 그렇다고 해서 우리가 마땅히 치러야 할 삶의 고통에서 우리를 보호하는 존재는 아니다. 여러분이 만일 "이 사람과 결혼하면 내가 경험하고 배우게 될 삶의 교훈이 무엇일까요?" 하고 질문했다면, 여러분의 신성 동물은 아마 "배신"이라고 대답했을지 모른다. 이런 답변은 장차 결혼 생활에서 당신에게 어떤 일이 벌어질지를 구체적으로 이해하도록 도와준다. 그리고 당신은 이 결혼을 강행할지 아니면 그만둘지를 미리 선택할 수 있다.

내게 기억에 남는 샤먼 여행이 하나 있다. 나는 지혜의 교사인 이시스(Isis)를 우연히 만난 적이 있는데, 그녀는 불쑥 내게 이런 질문을 던졌다. "당신의 문제가 무엇인지 알고 있나요?" 너무 갑작스러운 질문에 나는 놀랐고 그만 나는 "아니요. 제 문제가 무엇이지요?"라고 반문했다. 그러자 그녀는 "당신은 삶이 모험이라는 사실을 모르고 있어요"라고 대답했다.

그래서 나는 걱정거리가 너무 많아서 삶을 모험으로 느끼기가 어렵다고 말했다. 그리고 나는 그녀에게 내 걱정거리들을 모두 털어놓았는데, 그 중에는 내가 결국 뉴욕에서 노숙자로 살지 모른다는 두려움도 있었다. 뉴욕에서 자라는 동안 나는 늘 이런 걱정에 시달렸고 내 친구들은 그런 나를 보고 놀리기까지 했다.

그녀는 잠시 나를 쳐다보다가 휙 돌아섰다. 그리고 다시 돌아서서 내 눈을 뚫어지게 쳐다보며 말했다. "삶이란 정말 멋진 모험이라고요!"

삶을 떠올려보면 아마 모험이 맞을지도 모른다. 하지만 굳이 내가 선택하고 싶은 모험은 아닐지도 모른다. 하지만 이시스의 입장은 비일상적 현실 세계에 살아가는 존재들에 대한 한결같은 입장이기도 하다. 그들은 인간의 삶을 언제나 아름다운 모험으로 바라본다. 전혀 예측하기 힘든 상황에서도 배우고 성장할 수 있는 기회로 가득한 모험 말이다.

"왜"라는 질문을 한다고 언제나 바로 수긍할 수 있는 대답이 나오는 것은 아니다. 그렇다고 해도 "왜"라는 질문은 대체로 좋은 질문에 해당한다. 예를 들어 이런 질문을 했다고 해보자. "왜 내가 아끼는 사람이 그 사고로 죽을 수 밖에 없었나요?"라고 말이다. 아마 이런 질문에는 명쾌한 대답을 듣지 못할 수도 있다. 어떤 사건들은 삶의 신비에 파묻혀 있고, 아예 대답이 불가능하거나 당신이 이해하기에 역부족인 사건들도 있다. "왜"라는 질문을 하지 말라는 뜻이 아니다. 당신이 그런 질문을 던진다해도 돌아오는 대답에는 분명 한계가 있다는 사실을 이해할 줄 알아야 한다.

또한 정확한 답변을 듣기 어려운 질문 중 하나는 "언제"를 묻는 질문이다. 당신의 샤먼 여행은 현실의 시공간을 넘어서는 사건임을 잊어서는 안 된다. 비일상적 현실 상태에서 시간이란 현실과 다른데다 자주 모호한 색채를 띄기 마련이다. 그래서 특정한 시와 때를 예언하는 행위가 종종 틀리거나 애매한 이유가 여기에 있다. 마찬가지로 샤먼 여행 중에 언제 무슨 일이 일어날지를 묻는 질문에 정확한 대답을 듣지 못하는 경우가 많다.

Q. 자신의 샤먼 여행을 올바르게 해석하고
   이해하는 방법이 있나요?

샤먼 여행에서 명확하고 직설적인 메시지가 전해지기도 하지만 보통 해독하기 어려운 상징으로 가득 찬 메시지가 대부분이다. 샤머니즘은 신성과의 직접적인 만남이라는 점에서 여러분을 대신해 메시지를 해석할 수 있는 사람은 찾기 힘들다.

그래서 만일 상징이나 은유의 의미를 몰라 난감하다면 여기 몇 가지 해석의 단서를 참고해보라. 샤먼 여행 중에 벌어진 사건과 관련해 다양한 질문을 던지면서 미처 몰랐던 새로운 정보나 의미가 있는지 확인해본다. 예를 들어 "샤먼 여행 중에 내가 한 질문이 내가 목격한 태양과 무슨 관계가 있을까?" 또는 "여행 중에 내가 본 풍경을 내 질문과 어떻게 연결해서 이해해야 할까?" 여행 중에 목격했던 명확한 장면이나 대상을 잘 관찰하면 여러분의 질문의 단서가 되는 추가적인 정보를 알아낼 수 있다. 한편 해답의 실마리가 떠오를 때까지 여행의 내용을 자세히 기록하거나 그저 생각이 떠오르는대로 여행의 과정을 소리내어 말해본다. 여행과 관련한 생각과 느낌을 이리저리 떠올리다보면 어느 순간 선명한 해답의 단서가 드러난다. 그래도 갈피를 못 잡는 상황이라면 다시 샤먼 여행을 떠난다. 그리고 자신의 보호령을 만나서 좀 더 쉽게 이해할 수 있는 정보를 달라고 부탁할 수도 있다.

> Q. 혹시 내가 여행의 내용을 허구로 지어내고
>   있는 건 아닐까요?

샤먼 여행에 처음 나서는 사람이라면 누구나 하는 걱정거리가 있다. 샤먼 여행이란 사실 자신 스스로 지어낸 허구가 아닐까라는 불안이다. 그저 상상 속에서 벌어지는 사건일뿐 현실과는 무관한 경험이라는 걱정이 늘 뒤따른다.

이 책을 읽는 많은 사람들은 눈에 보이지 않는 세계를 불신하는 사회에서 성장해왔다. 여러분은 오직 직접 보고, 듣고, 느끼고, 맛보고, 냄새 맡을 수 있는 것만이 실재하며, 그 외 나머지는 그저 상상에 불과하다고 배워왔을지 모른다. 오랫동안 유형(tangible)의 존재만이 실제라고 믿어온 결과, 비일상적 현실 세계를 여행하고 눈에 보이지 않는 정령에게 조언이나 인도를 받았다고 말하면 무척 혼란스러울 뿐이다. 처음 샤먼 여행에 나서는 사람이라면 거의 누구나 자신의 경험을 마치 허구처럼 느끼기 쉽다.

어린 시절 눈에 보이지 않아도 그 곳에 사는 존재의 사랑과 보호를 받으며 그들과 소통하던 추억은 삶의 크나큰 위안이었다. 그러나 점차 성장하고 오직 물질 세계의 현실만을 신봉하면서 보이지 않는 세계와의 관계는 그만 단절되고 말았다.

그럼에도 우리 중 많은 이들이 보이지 않는 세계를 다시 발견하고, 눈에 보이든 그렇지 않든, 존재하는 모든 생명과 다시 연결되기를 간절하게 염원한다. 좀 더 심오한 차원에 이르면 물질적 집착, 사회적 통념, 감각적 경험을 넘어선 진리가 있음을 누구나 잘 알고 있다.

몇 년 전, 나는 샤먼 여행의 기초 과정을 강의하고 있었는데, 그 수업에서 상상력과 관련한 질문들이 본격적으로 등장했다. 사람들은 반복해서 내게 같은 질문을 던졌다. '이 모든 경험이 다 내가 만들어낸 상상이 아닐까?' 그런데 휴식 시간에 한 브라질 여성이 내게 다가오더니 자신은 그렇게 많은 사람들이 똑같은 질문을 거듭하는 걸 보며 놀랐다고 말했다. 그녀는 정령의 존재를 분명하게 믿는 사회에서 성장하다보니 정령이 실제 존재한다는 것에 대해 추호의 의심도 없었다. 하지만 뉴욕에서 자란 나는 어린 시절 부모님이 저녁 식사를 하며 신성 동물이나 보호령에 대해 이야기하는 걸 들어 본 적이 없다. 아마 워크숍에 참석한 분들의 부모님들도 마찬가지였을 것이다. 내 경험에 따르면 샤먼 여행이 정말 유효한지를 판단하려면 여행 이후의 결과에 주목해야 한다. 샤먼 여행을 꾸준히 연습하고 나면 서서히 실제적인 이익과 효과를 경험하게 된다. 샤머니즘은 전통적으로 결과 지향적인 수행 방식임을 잊어서는 안 된다. 그러므로 지속적으로 성과나 변화에 주목해 판단하는 것이 중요하다. 핵심 질문은 이것이다. "내가 샤먼의 여행에서 전달받은 정보나 지식이 과연 나의 삶을 긍정적으로 변화시켰는가?"

의미있는 성과가 드러나면 서서히 마음은 평온을 되찾고 자신의 체험이 상상력이 빚어낸 허구인지 아닌지로 갈등했던 문제도 사라진다. 하지만 샤먼 여행 중에 평소 자신의 생각과 신념 문제로 갈등이 빚어지면 내면에서는 회의와 의심을 반복하다 여행의 시간을 전부 소진하고 만다. 그 결과 산만한 정신으로 인해 명확한 정보나 의미는 전달받지 못한다. 분석하고 판단하는 정신의 습관이 작동하면 나는 그저 거기에 동의하고 애써 저항하지 않는다. 그리고 계속 샤먼 여행을 이어간다. 그래서 여러분에게 조언하자면 샤먼의 여행을 통해서 서서히 자신의 삶에 찾아드는 장점에 주목하라는 점이다. 그러면 습관적인 분별심(discerning mind)으로 더 이상 불평하는 일이 없어진다.

현대 사회는 영적 수행에 있어 "밝고 가벼운 태도(lighten up)"의 중요성을 자주 망각한다. 우리는 모든 일에 너무 진지한 태도를 유지하다 보니 자기도 모르게 심한 압박감에 시달리는 경우가 있다. 전통적으로 샤먼이나 영적 치유자들은 늘 즐겁게 웃는 존재였다. 샤먼의 여행이건 현실의 일상이건 너무 진지한 태도는 우리 내면의 창의성을 심각하게 위축시킨다. 자기 자신을 비웃을만한 여유가 있어야 하며, 유쾌한 심정으로 샤먼 여행에 나설 수 있어야 한다. 샤먼 여행을 하며 한참의 시간이 흐르다보면 자신의 보호형령이 얼마나 유머 감각이 풍부한 존재인지 그리고 우리 자신마저 유쾌한 사람으로 만들려 얼마나 노력하는 존재인지 새삼 깨닫게 된다.

내가 처음 샤먼 여행에 나섰을 때, 나의 신성 동물은 내게 적절한 질문을 하는 법을 가르치려고 익살스러운 상황을 만들어냈다. 내가 그를 만나러 하위 세계로 여행했던 기억이 난다. 내가 도착한 곳은 나의 신성 동물이 살고 있던 소나무 숲이었는데, 그 곳에서 그는 화려한 웨이터 복장을 하고 손에는 얼룩 하나 없는 흰 장갑을 착용하고 있었다. 그는 나에게 주름 한 점 없는 흰 테이블보와 작은 꽃병이 놓인 원형의 작은 테이블을 보여주었다. 그는 나를 위해 의자를 당겨 주고는 메뉴판을 보여 주었다. 그런데 나는 메뉴판의 내용을 보고 깜짝 놀랐다. 거기에는 세로 줄이 두 개가 있었고, 각 줄마다 각기 다른 질문들이 적혀 있었다. 그리고 나의 신성 동물은 내가 원래 묻고 싶었던 질문은 잘못된 거라고 귀뜸해 주었다. 나는 아직 아무 질문도 하지 않았는데 말이다. 그러니 내가 말을 꺼내기도 전에 그는 나의 의도와 질문을 간파하고 있었던 것이다. 그는 메뉴판에 적힌 질문은 모두 적절한 질문이니 마음에 드는 질문을 골라 물어보라고 말해 주었다. 유쾌하고 익살맞게 우리에게 가르침을 전수하는 정령들의 사례치고 이보다 더 훌륭한 사례는 좀처럼 찾아보기 힘들다. 이로 인해 우리의 샤먼 여행은 한결 더 가볍고 경쾌해진다.

> Q. 샤먼 여행을 시도하다 직면할 수 있는
>   문제거리는 무엇인가요?

많은 사람들이 "내가 제대로 샤먼 여행을 하고 있는걸까?"라는 문제로 고민한다. 샤먼 여행에는 딱히 올바른 방법이란게 따로 있는게 아니다. 당신이 무엇을 경험하든 그 자체가 올바른 것이다. 자신의 고유한 경험을 존중하고 검증하는 방법을 터득하는게 중요하다. 상당한 시간과 인내가 필요하지만 거기에는 적지 않은 보답이 뒤따른다.

　　　또 다른 문제를 들자면, 샤먼 여행을 다른 감각이 아닌 주로 시각에 의존한다는 사실이다. 비일상적 세계에 들어서면 자신의 모든 감각 기관을 의식적으로 열어놓아야 한다. 시각적으로 파악할 수 있는 상황이 아니라면 그저 청각,

촉각, 후각, 미각으로 전달되는 대상이나 정보에 집중하면서 이전과 다른 감각 기관을 활용할 줄 알아야 한다.

앞서 나는 현대인들은 샤먼 여행 중에 벌어지는 사건을 문자 그대로 해석하는 경향이 있다고 언급했다. 이렇게되면 샤먼 여행의 의미는 완전히 변질되고 만다. 반드시 은유에 주목해야 한다. 기존의 사고방식에서 벗어나 자신의 보호령이 제시하는 여행의 전체 그림을 간파해야 한다.

문제는 이것만이 아니다. 샤먼 여행을 하다보면 끊임없이 떠오르는 생각을 주체하기 힘들 때가 많다. 따로 시간을 내어 영적 작업을 수행하려고 하는데 산만한 생각으로 인해 집중하기 힘든 것이다. 내일 무슨 옷을 입고 직장에 나갈지, 무슨 음식을 먹을지, 아니면 머리 속에서 꼭 해야할 일들을 정리하느라 정작 작업에 몰입하지 못하는 상황이 있다. 이런 상황이라면 얼른 다시 샤먼 여행의 의도와 목적을 반복해서 떠올리며 원래의 여행으로 되돌아 가 마음에 집중해야 한다. 하루 중에 산만한 생각이 드는 시간은 피하고 고요한 마음 상태를 유지할 수 있는 시간을 찾아 샤먼 여행에 나서는게 좋다. 앞서 소개했지만 여행 전에 춤을 추거나 노래를 부르면서 마음을 안정시키고 마음이 올바르게 자리잡을 수 있게 노력해야 한다.

샤먼 여행 중에도 춤추며 노래부르는 신체 활동은 산만한 생각을 떨쳐내는데 큰 도움이 된다. 개인적으로 나는 직접 소리가 나도록 래틀을 흔들거나 큰 소리로 노래하는 걸 좋아한다. 산만한 생각을 잠재우려고 북을 치기도 하는데, 그렇게 하면 더 깊은 차원의 세계로 들어서는 것 같다. 전통적인 샤먼 사회에서 샤먼은 자신이 속한 공동체를 위해 샤먼 여행을 떠났고 춤을 추고 노래를 하거나 자신이 목도하는 사건들을 소리 높여 말하면서 이 특수한 의식을 수행했다. 샤 먼은 자신들이 어느 세계로 여행하는지, 어떤 정령을 만나는 지, 어떤 메시지를 전해듣는지, 그리고 어떤 치유 작업을 수 행하는지 하나 하나 이야기 해준다. 샤먼 여행에 조금이라도 도움이 된다면 가만히 누워있지만 말고 여행 중에라도 자유 분방한 몸짓이나 춤도 과감하게 시도해보기 바란다.

Q. 언제 샤먼 여행을 떠나는게 좋나요?

분명한 질문이 있거나 간절한 도움이 필요한 순간이 샤먼 여 행의 적기라고 할 수 있다. 처음 샤먼 여행을 하게 되면 너무 흥분한 나머지 계속 여행을 이어가려고 한다. 하지만 다양한 질문을 하고 원하는 정보를 전해듣지만 정작 이런 가르침을 자신의 삶에 실제로 적용하지 않는다면 샤먼 여행은 아무 의 미가 없다. 다시 말해 샤먼 여행을 통해 영적인 정보를 수집 하고 이를 현실의 삶에 적극적으로 통합해 나가야 한다.

얼마나 자주 여행을 해야 하는지는 시간이 흐르면서 점차 명확해진다. 아마 머지않아 자연스럽게 여행을 반복하 게 될 것이다. 때로는 여행과 여행 사이에 영적인 정보와 지 식을 정리하고 통합하느라 많은 시간이 지체되는 경우가 있 고, 반대로 이전보다 빠르게 정보를 정리할 수 있어서 곧바 로 샤먼 여행에 나설 수 있는 경우도 있다.

정서나 신체적 문제를 해결하려고 자주 샤먼 여행에 나서지만 여행의 결과나 변화는 뒤늦게 알아채는 경우도 있 다. 하지만 자주 여행을 하면서도 긍정적인 결과를 경험하지 못했다면 외부의 도움을 받는게 좋다. 한편 문제 해결에만 감정적으로 집착하다보면 자기 스스로가 장애물이 되어 영적인 조언을 받아들이고 이해하는데 문제가 생긴다. 마찬가지로 사랑하는 사람이나 가족에게 정서적으로 집착하고 있다면 여러분을 대신해서 다른 사람이 샤먼 여행에 나서는게 좋다.

　　나는 글을 쓰거나 창조적인 작업을 하면서 자주 샤먼 여행을 했다. 나의 보호령은 내가 글을 쓰는 내내 지속적으로 영감을 제공했다. 그러므로 여러분도 어떤 특별한 작업을 시작하려면 샤먼 여행에 나서고 그 작업을 아낌없이 지지해줄 수 있는 보호령을 찾아나서야 한다.

　　중요한 점은 샤먼 여행을 반복하면서 여러분은 다양한 주기를 거쳐간다는 사실이다. 몇 주나 몇 달에 걸쳐 여러분은 강렬하고 선명한 샤먼 여행을 경험할지도 모른다. 그러다가 샤먼 여행에 나서지만 정작 감각적으로 분명한 정보 하나 건지지 못하는 시기가 찾아 온다. 지극히 정상적인 상황이며 몇 주에서 몇 달에 걸쳐 이런 시기가 지속될 수 있다. 우리는 모두 자연의 일부이며, 이런 과정은 우리 모두가 순응해야 하는 자연의 순환에 불과하다. 현대 사회에서 우리는 늘 쉬지않고 "작동(on)하기"만을 바란다.

　　우리는 더 이상 새로운 생명을 잉태하는 놀랄만한 잠복기(gestation period)의 시간을 소중하게 생각하지 않는다. 식물이라고 1년 365일 내내 꽃을 피우지 않는다. 마찬가지로 우리 자신도 종종 발아와 숙성이라는 자연의 심오한 과정에 참여한다. 얼핏 답답해 보이는 이 기간 동안 우리는 여전히 다른 사람을 위해 샤먼 여행을 떠날 수 있다. 하지만 나 자신을 위한 샤먼 여행은 좀처럼 성과를 거두지 못한다. 그렇다고해서 쉽게 실망하거나 혹시 자신의 보호령이 영영 떠난 것은 아닌지 의심해서는 안 된다. 그들은 여전히 눈에 띄지 않게 곁에서 당신을 돕고 있다. 계속 샤먼 여행에 나서고 끊임없이 그 경험을 되새겨보라. 결국 여러분의 샤먼 여행은 다시 시작되고 더 강렬하고 선명한 경험과 마주하게 될 것이다.

> Q. 내가 하위 세계나 상위 세계에 언제 가야할지를 어떻게 알 수 있나요?

샤먼 여행을 터득하게되면 누구나 자신의 마음에 드는 세상이 따로 있다는 걸 나는 잘 알고 있다. 일부 사람들은 익숙하게 하위 세계로 여행하지만 상위 세계는 쉽게 진입하지 못한다. 그리고 그 반대의 경우도 있다. 대부분의 경우는 양쪽 세계를 무난하게 여행한다. 하지만 이런 상황도 시간이 지나면서 변하기 마련인데, 여행의 목적이나 작업에 따라 달라지기 때문이다. 상황에 따라 샤먼 여행의 방식도 자연스레 변화하고, 여러분이 가장 편안해 하는 세계도 충분히 달라질 수 있다. 중요한 건 그런 변화를 있는 그대로 수긍하면 된다.

경험이 쌓이면 신성 동물과 지혜의 교사는 서로 다른 분야에 정통한 존재라는 사실을 깨닫게 된다. 여러분이 원하는 질문과 도움의 종류는 다양하고 다른만큼 어느 보호령에게 도움을 요청해야 하는지 서서히 배워나가게 될 것이다. 내가 만나는 신성 동물은 보통 나와 내담자의 사적인 문제에 적절한 도움을 주었고, 반면 지혜의 교사는 나만의 글쓰기 문제나 전지구적인 주제에 대해 최상의 조언을 전해주었다. 대다수의 샤먼 수행자들은 자기 내담자의 문제를 해결하려고 인간을 닮은 지혜의 교사에게서 필요한 도움을 받는다. 꾸준히 샤먼 여행을 하다 보면, 질문이나 문제의 성격에 따라 신성 동물이나 지혜의 교사 중 누구에게 도움을 받아야 할지 분간하게 된다. 보호령마다 서로 다른 지혜와 능력이 있기 때문이다. 하지만 보호령마다 서로 다른 지혜와 능력을 보여준다 해도 동일한 문제에 대하여 다른 보호령을 찾아가 의견을 구하는 것도 좋은 방법이다. 각자 다르지만 소중한 의견과 견해를 기꺼이 전해줄 것이다.

하나 기억해 둘게 있다. 자신의 신성 동물과 지혜의 교사는 시간이 지남에 따라 바뀔 수도 있다. 몇년 동안 당신 곁에 머물기도 하지만 당신이 원하는 질문이나 도움의 성격이 달라지면 얼마든지 새로운 보호령이 나타나기도 한다.

샤먼 여행을 하는 동안 원한다면 서로 다른 세계를 옮겨다닐 수 있다. 만일 하위 세계를 여행하던 중에 상위 세계로 가고 싶다면 그 곳으로 올라가면 된다. 마찬가지로 상위 세계를 여행하다 원한다면 하위 세계로 내려갈 수도 있다. 자신의 신성 동물과 지혜의 교사는 세 가지 세상 어디라도 여행할 수 있다. 그러니 당신이 어느 세계를 가든, 어떤 존재를 만나든 어떤 제약도 없다.

샤먼 여행은 놀라움으로 가득하다. 바로 그 점에 주목해야 한다. 여러분에게 도움의 손길을 내미는 정령들의 정체를 알고나면 놀라지 않을 수 없을 것이다. 그들의 답변과 도움은 미처 예상하지 못한 방식으로 찾아 온다. 20년이 넘도록 내가 샤먼 여행을 지속하는 이유는 예고없이 찾아드는 감탄의 순간들이 있기 때문이다.

샤먼 여행을 완성된 사건이 아닌 진행 중인 수행으로 생각하라. 여러분이 얼마나 많은 시간을 헌신하는 지에 따라 그 경험은 심오하게 발전한다. 핵심은 이 영적인 수행을 지속하는 것과 자신의 보호령과 신뢰할만한 관계를 만들어가는데 있다. 시간이 지나면 자연스럽게 여행의 목적은 달성된다.

샤먼 여행은 변화하며 유기적으로 통합되는 과정이어야 한다. 변화와 통합이라는 두 가지 방향에서 다양한 차원을 경험해야 한다. 마음을 활짝 열고 기꺼이 당신을 도울만한 새로운 보호령을 맞이하자. 그리고 모험을 두려워 말자. 여러분의 보호령과 우주 전체가 아낌없이 전해주고 싶어하는 사랑과 지혜와 치유의 열매를 순수한 마음으로 받아들이라 ☻

Chapter 6

처음 샤먼 여행에 나서다

이번 장에서 세 종류의 샤먼 여행을 간략하게 소개한다. 샤먼 여행에 처음 나선다면 이 세 가지 여행을 하나씩 시도해 보기 바란다.

하위 세계로 여행하기

샤먼 여행을 통해 처음 가야하는 곳은 하위 세계이다. 그 곳에서 자신의 신성 동물을 만나고 친밀한 관계를 맺어야 한다.

현실에서 실제 방문한 적이 있는 자연의 한 장소를 떠올리고, 그 곳에 서 있는 자신의 모습을 상상한다. 당신은 땅 속으로 들어가는 자연의 입구에 서 있는데, 그 입구는 땅 속 깊이 뿌리를 내리고 있는 나무 줄기, 화산의 입구, 땅이나 동굴의 구멍, 또는 호수나 하천, 강이나 폭포와 같은 물줄기의 속이 될 수도 있다. 앞서 말했듯이 느낌을 받기에 유용하다면 엘리베이터나 지하철이 땅 속으로 들어가는 입구 역할을 해도 무방하다.

이제 그 입구 내부로 들어가는 자신의 모습을 바라본

다(상상한다). 그 입구 내부에서 일종의 공간의 변화가 일어나는데, 주로 터널 같은 곳을 지나가는 자신의 모습이 보일 것이다. 빛이 나타날 때까지 터널을 따라 내려가면 어느새 하위 세계에 들어선다. 여러분의 주변에 펼쳐진 정경을 자세히 바라보며 혹시 주변에 동물같은 존재가 있는지 확인한다.

만일 근처에 동물이 있다면 "당신이 저의 신성 동물인가요?" 라고 물어본다. 간단하게 '예'나 '아니오'로 답변할 수 있도록 질문을 하면 그 신성 동물이 여러분과 어떤 식으로 대화하고 싶은지를 빠르게 알아차릴 수 있다. 아마 신성 동물은 텔레파시로 답변을 할 수도 있고, 아니면 여러분을 어딘가로 데려가거나 어떤 메시지를 담고 있는 사물이나 대상을 보여줄 지도 모른다. 만약 자신의 신성 동물이라는 확신이 들면 이런 저런 질문을 던지거나 하위 세계에 대한 여행을 부탁하면서 돈독한 관계를 맺어야 한다. 예를 들어 신성 동물은 여러분에게 도움이 될만한 특별한 가르침을 전해주고 싶어한다. 그게 무엇인지 물어보는게 좋다. 하지만 자신이 목격한 동물이 여러분의 신성 동물이 아니라면 여행을 계속하면서 자신의 신성 동물을 찾아야 한다.

샤먼 여행을 중단하라는 북소리의 신호가 있기까지 하위 세계에서 자신의 신성 동물과 동행하라. 만일 그 전에 여행에서 돌아오고 싶다면 발걸음을 돌려 자신이 눕거나 앉아 있는 방으로 돌아오면 된다. 그리고 눈을 뜨고 북소리를 중단시킨다.

만약 여러분의 여행 경험이 내가 한 말과 다르다면 나의 조언보다는 자신의 경험을 신뢰하는게 좋다. 예를 들어 어떤 사람들은 터널을 거치지 않고 돌아가다가 하위 세계에 도달했다고 한다. 또한 하위 세계에서 만난 존재가 신성 동물이 아니라 지혜의 교사인 경우도 있었다. 내 말을 따르다가 자신의 경험을 왜곡하는 일은 없어야 한다. 나는 단지 여러분이 샤먼 여행을 시도하며 참고할만한 사항을 전해주고 싶을 뿐이다. 샤먼 여행에는 자신만의 고유한 경험이 중요하며 그 경험을 따라가면 된다.

하위 세계의 더 내밀한 차원으로 여행하고 싶다면 지상에서 새로운 입구를 찾아서 더 깊은 곳으로 내려가면 된다. 하위 세계에는 더 깊은 차원의 세계가 존재하며, 상위 세계에도 더 높은 차원의 세계가 존재한다. 처음 샤먼 여행을 시작했을 때처럼 새로운 입구를 다시 찾아 낸 후 더 깊고 내밀한 하위 세계로 계속 여행할 수 있다.

중간 세계로 여행하기

중간 세계로 여행하기 전에 여행의 목적과 의도를 명확히 해야 한다. 중간 세상의 여행은 단지 현관문을 열고 밖으로 나가는 과정이 아니다. 우리가 살아가는 물리적인 현실의 풍경의 내부로 들어가야만 중간 세계로 건너갈 수 있다. 첫째, 그곳에서 여러분은 대지, 바위, 동물, 나무, 식물의 정령들처럼 여러분과 현실을 공유하지만 존재하는 차원이 달라 눈에는 보이지 않는 존재들을 만나게 된다. 둘째, 여러분은 신체의 물질적 한계를 극복하고 공간과 공간 사이를 빠르게 이동할 수 있다.

중간 세계로 여행하려면 일단 문을 열고 걸어 나가서 물리적인 현실 속으로 여행하는 자신을 상상해야 한다. 마음 속으로 분실한 물건을 찾고 싶거나, 마음에 드는 장소를 찾아가고 싶다는 생각에 집중하면서 출발한다. 중간 세계에서는 물, 불, 공기, 흙이라는 자연의 4 원소 뿐 아니라 눈에 보이지 않는 자연의 정령들과 소통하면서 정말 많은 것을 배울수 있다. 또한 태양이나 별 혹은 태양계의 다른 행성으로 여행할 수도 있다. 그 과정에서 이런 경험 하나 하나가 삶의 균형을 회복하고, 자연의 순환과 조화하는 삶을 이어가는데 좋은 길잡이가 되어 준다.

중간 세계에 가면 요정, 데바, 엘프 등 정령 인간(spirit people)으로 알려진 무리들을 만날 수 있다. 물론 숲의 수호신도 빼놓을 수 없다. 간단히 말해, 중간 세계에서는 늘 우리 주변에 존재하지만 일상적 현실에서는 눈에 보이지 않기에 전혀 인식할 수 없는 존재들을 발견하게 된다.

여행을 마치고 현실로 돌아오라는 북소리의 신호를 들으면 눕거나 앉아 있던 장소로 돌아온다. 이제 눈을 크게 뜨고 북소리의 음원도 끈다. 물론 북소리 신호가 있기 전 여행을 마치고 싶다면 현실 세계로 발걸음을 돌리면 된다.

상위 세계로 여행하기

처음 상위 세계로 여행하는 이유는 인간의 형상을 한 지혜의 교사를 만나고 싶어서일 것이다. 그게 맞다면 하늘 위로 올라가는데 도움이 될만한 자연의 어느 특정 장소에 있다고 상상해본다. 예를 들어, 여러분이 직접 나무나 밧줄 혹은 사다리를 타고 올라가거나 산 정상에서 하늘을 향해 뛰어오르거나 아니면 폭풍이나 회오리 바람을 타고 하늘로 날아간다고 상상하면 된다. 무지개 위로 올라가거나 불의 연기나 굴뚝을 따라 올라갈 수도 있다. 아니면 새를 타고 날아가는 방법도 있다. 자신의 신성 동물에게 상위 세계로 데려가 달라고 부탁해도 된다. 어떻게 가든지 상위 세계로 갈 수 있다면 그만이다.

상위 세계에 진입하려면 일종의 전환점을 통과해야 하는데, 마치 구름이나 안개층과 같은 곳을 지나야 비로소 상위 세계의 입구에 들어서게 된다. 여전히 별이나 다른 행성들이 보인다면 아직 상위 세계에 다다르지 못한 것이다. 다시 말해 희미하지만 뚫고 지나갈 수 있는 지점을 통과했다는 느낌이 있어야 상위 세계에 들어선 것이며, 그 곳에서 눈 앞의 풍경도 서서히 변하기 시작한다.

그 곳에서 여러분을 기다리며 맞이해 줄 지혜의 교사가 있는지 둘러본다. 만약 있다면 "당신이 저를 위한 지혜의 교사인가요?" 라고 물어보라. 긍정적인 답변을 주거나 그럴 듯한 제스처를 보여준다면 여러분에게 중요한 질문, 즉 자신의 마음이나 신체의 문제를 치유하는데 도움이 되는 질문을 던져본다. 아니면 상위 세계를 구경시켜 달라고 부탁해도 좋다. 만약 상위 세계의 입구에서 지혜의 교사를 만나지 못했다면 자신이 지혜의 교사라고 말하는 존재를 만날 때까지 상위 세계의 다른 차원으로 이동하며 계속 찾아다녀야 한다.

또한 더 높은 차원의 상위 세계로 여행하려면 그 곳으로 자신을 데려다 줄 수단이 주변에 존재하는지 직접 찾아봐야 한다. 혹시 자신을 그 곳으로 데려다 줄 운송 수단같은 것이 있는지 자세히 둘러본다. 신성 동물이 그랬듯이 첫 대화 이후 지혜의 교사도 자신과 소통하는 방식만이 아니라 여러분에게 주고 싶은 선물이나 지혜가 무엇인지 알려줄 것이다.

샤먼 여행을 마치고 현실로 돌아오라는 북소리의 신호를 들으면 여행에서 물러나 자신의 자리로 돌아온다. 이제 두

눈을 뜨고 음악을 끈다. 북소리 신호 이전에 여행을 중단하고 싶다면 여러분이 눕거나 앉아 있는 장소로 돌아오면 된다.

주의 사항: 신성 동물과 인간의 형상을 지혜의 교사는 하위 세계와 상위 세계에 모두 살고 있다. 처음 샤먼 여행을 마치고나면 여러분은 여행의 순서를 바꿀 수 있다. 다시 말해, 하위 세계에서 지혜의 교사를 만나고, 상위 세계에서 신성 동물을 만날 수 있다 ✤

Chapter 7
미래를 예언하고 상처를 치유하는
샤먼 여행

예언의 여행

샤먼의 전통적인 역할 중에 하나는 개인과 공동체를 위해 예언하는(divine) 행위이다. 일부 샤먼 수행자들은 자주는 아니지만 여전히 개인 내담자나 자신이 속한 공동체를 위해 예언행위를 이어가고 있다. 물론 다수의 샤먼 수행자들은 자신의 문제와 관련한 조언을 구하기 위해 샤먼 여행에 나선다. 여러분의 보호령은 인간관계, 건강, 직업 문제처럼 실제적인 문제의 탁월한 조언자가 되어 준다. 또한 여러분이 전반적으로 성장하고 발전하는데 필요한 질문에 아낌없이 조언하는 존재도 보호령이다. 예를 들면, "현재 내 삶의 어느 부분에 집중해야 하나요?" 라고 질문하면 여러분의 보호령은 해답의 실마리를 제공해 준다.

　　여기 미래에 초점을 맞춘 질문 목록이 있다.

Q. 내 몸을 치유하려면 어떻게 해야 하나요?

Q. 어떻게 인간관계를 회복할 수 있나요?

Q. 장차 내 삶이 어떻게 펼쳐질까요?

　　(현재 과도기의 삶을 경험하고 있다면)

Q. 내가 ~을 어떻게 준비하는게 좋을까요?

Q. 가정과 직장에서 겪는 긴장과 문제를 어떻게 해결하는게 좋을까요?

Q. 사랑하는 사람, 친구, 동물, 혹은 내가 사는 이 세계에 어떤 도움을 줄 수 있나요?
  (한 번에 모두 질문하지 말고 한 가지씩만 물어본다)

Q. 새 집은 어디에 구해야 할까요?

Q. 새로 직장을 구할 수 있게 도와주세요.

Q. 내가 이런 선택을 한다면 그로부터 무엇을 배울 수 있을까요?

Q. 내 안의 두려움의 이유는 무엇인가요?
  (아니면 삶의 다른 문제로 질문해도 좋다)

샤먼 여행을 통해 예언적 정보를 듣기 위해서는 여러분의 보호령 중 하나에게 명확한 질문을 하는 것으로 시작하라. 여러분의 질문에 기꺼이 답해줄 보호령을 결정하고 보통 그를 만날 수 있었던 곳으로 여행하라. 물론 하나 이상의 보호령에게 질문할 수도 있다. 미래의 예언을 담은 정보나 해답을 원한다면 자신의 보호령 중 하나에게 명확한 내용의 질문을 해야 한다. 여러 보호령 중 누구에게 질문할지를 우선 결정하고, 평소 그 보호령을 만나던 장소를 향해 샤먼 여행에 나선다. 물론 다른 보호령에게 동일한 질문을 해도 좋다. 비일상적 현실에서 보호령들이 자주 나타나는 장소로 찾아가 가급적 많은 보호령들에게 질문을 하고 그들로부터 해답을 구하면 된다. 이게 바로 예언의 여행이다.

　　　예전에 나는 중고차 한 대를 구입하고 골머리를 썩은 적이 있다. 그 중고차로 인해 늘 정비소를 찾아다녔다. 나는 샤먼 여행을 할 줄 알았기에 정비소에 가기 전 나의 신성 동물을 찾아 갔고 도대체 내 차에 무슨 기계적인 문제가 있는지 물어보곤 했다. 정비소 직원은 내가 차에 대해 아는 게 하나도 없다는 걸 잘 알고 있었다. 나는 누가 도와주지 않으면 주유도 제대로 하지 못했으니 말이다. 처음 내가 정비소에 가서 고장의 원인이나 해당 부위를 지적하면 정비사는 그저 웃기만 했다. 하지만 수리를 마치고 차를 넘겨 받을 때마다 그는 어리둥절해서 "손님 말이 맞았네요"라고 말했다. 시간이 흐르고 정비소를 들를 때마다 이런 일은 계속 반복되었다. 정비소로 내 차를 가져가고 신성 동물이 내게 말해준대로 진단을 하면 그 진단은 늘 맞았다. 어느 날 정비사는 어떻게 그렇게 정확하게 고장 원인을 진단할 수 있는지 내게 물어보았다. 조금 어색했지만 나는 샤먼 여행을 하면서 나의 신성 동물이 고장의 원인이나 부위를 진단해 준다고 솔직히 대답했다. 그 신성 동물이 내 차 밑으로 들어가 내 차를 진단한다고 말이다. 그렇게 샤먼 여행을 하면 신성 동물이 내게 필요한 정보를 모두 전해준다고 자세하게 설명해주었다. 그 후로 정비사는 내가 차를 가져올 때마다 신성 동물이 뭐라고 말했는지부터 물어보게 되었다.

바바라의 한 친구가 자신의 남편과 헤어지기로 결심했다. 그 친구는 바바라에게 샤먼 여행을 부탁했다. 그러면서 "남편과 헤어진 후 자신은 어디로 떠나야 하는지?" 물어봐달라고 했다. 바바라는 샤먼 여행에 나섰는데 자신의 친구가 친구의 집에서 너무 가까운 곳에 있는 모습을 보았다. 그래서 바바라는 다른 샤먼 수행자에게 자기 대신 샤먼 여행을 하면서 친구의 문제에 대해 말해달라고 조언을 구했다. 그 샤먼 수행자도 바바라와 같은 장면을 목격했다. 결국 바바라는 자신의 친구에게 남편과의 이별을 다시 생각해보라고 조

언했다. 고심 끝에 친구는 남편과 함께 지금의 위기를 헤쳐
나가기로 결심했고 현재 아무 탈없이 결혼 생활을 이어가고
있다.

오랫 동안 샤먼 여행을 하며 경험이 쌓이면 일부 사람
들은 친구, 내담자, 그리고 공동체를 대신해서 그들의 사적
인 정보에 접근할 수 있다. 하지만 다른 사람을 대신한 샤먼
여행에 앞서 본인 스스로 자신의 샤먼 여행에서 좋은 성과를
거두고 있다는 확신이 있어야 한다. 만약 샤먼이 자기 부족
의 생존을 위해 장차 식량을 어디서 구해야 하는지 예언하지
못하거나 혹은 고통받는 부족민의 상처를 치유하지 못했다
면 그 부족의 미래는 심각한 위험에 처할 것이다. 샤머니즘
이라는 오래된 전통은 항상 실제적이고 정확한 성과를 내는
것에 근거해왔다.

만약 당신이 친구나 가족 혹은 소속 집단을 대신해서
샤먼 여행을 떠나고 적절한 조언을 구할 수 있는 경지에 이
르게 되었다면 고민할만한 윤리적 문제들이 있다. 첫째, 다
른 사람을 대신해 샤먼 여행을 하려면 그들로부터 반드시 동
의를 구해야 한다. 우리는 상대방의 요구와 무관하게 타인을
배려하고 돕도록 장려하는 문화에 살고 있다. 하지만 나는
상대방의 요구나 선택이 우선이라고 믿는다. 다시 말해 우리
각자가 스스로 배우고, 치유하고, 성장하는 방식은 온전히
자신의 선택에 달려 있다. 미처 준비되지 않은 상황에서 저
절로 치유되고 성장하는 법은 없다. 상처받은 사람이라고 해
서 치유를 강요하거나 강제할 수는 없다. 정보는 치유의 한
형태이다. 그러니 당신에게 도움을 요청하기도 전에 다른 사
람의 삶에 함부로 개입해서는 안된다. 샤먼 여행을 통해 성
공적인 치유가 이루어지려면 상대방도 만반의 준비를 갖춰
야 한다.

또 하나, 직장이나 인간관계에서 특정인과 문제가 있다고 해서 샤먼 여행에 나서서 "이 사람의 문제는 무엇인가요?"라고 질문하는 것은 적절한 행위가 아니다. 이는 허락없이 타인의 삶을 훔쳐보는 행위에 해당한다. 비일상적 현실에서 활약하는 염탐자인 셈이다. 그 대신 샤먼 여행 속에서 이렇게 질문하기 바란다. "내가 어떻게 해야 현재의 관계를 회복할 수 있나요?" "이 상황을 해결하려면 내가 지금의 내 행동이나 생각을 어떻게 바꿔야하나요?" "이 문제로부터 어떤 교훈을 얻을 수 있나요?" 라고 말이다. 샤먼 여행의 핵심은 여러분 자신에게 초점을 맞추어야지, 상대방이 요청하지도 않았는데 그들에게 일어난 일을 염탐해서는 안 된다.

하지만 명확한 규칙에도 예외는 있는 법이다. 심리상담가로서 내담자를 만나면서 나는 자주 샤먼 여행을 떠났고 문제를 진단하는데 많은 도움을 받았다. 예를 들어 나와 내담자가 문제의 본질을 파악하지 못하고 아무 진척이 없을 때, 나는 신성 동물에게 문제의 원인을 파악해달라고 요청하곤 했다. 이런 경우 내담자들은 애초에 도움을 받기 위해 나를 찾아온 것이며, 그들은 내가 마법 상자 속 모든 모든 도구를 사용해서라도 자신들의 문제를 해결해주기를 기대한 것이다. 따라서 나는 샤먼 여행을 문제를 진단하고 판단하는 도구로 사용하는게 윤리적이라고 생각한다. 그러나 상대가 요구하지 않은 상황에서 샤먼 여행을 통해 다른 사람의 상황을 내다보는 행위는 적절하지 못한 사례에 해당할 것이다.

마지막으로 상대방이 도움을 요청하지 않았는데 자신의 보호령을 찾아가 어떤 형태의 치유도 요구해서는 안된다. 다시 말해 샤먼 여행을 수행하려면 적절한 경계와 예의를 유지하는게 무엇보다 중요하다.

전통적인 샤머니즘 사회에서 샤먼은 내담자를 위해 비일상
적 현실 세계에 들어가서 질병의 영적인 차원을 다루는 존재
였다. 이 경우 내담자가 스스로 샤먼 여행을 하는 것은 아니
었다. 하지만 이제 샤먼 수행자들은 직접 샤먼 여행을 하면
서 자신의 보호령을 만날 수 있게 되었다. 그리고 필요하다
면 자신의 문제를 치유하기 위해 신성 동물이나 지혜의 교사
를 만나 도움을 받을 수 있다. 치유는 문제의 성격과 보호령
이 도와주는 방식에 따라 다양한 형태로 이루어진다.

치유 여행에 나서려면 우선 문제 상황이나 치료가 필
요한 질병이나 고통을 명확히 파악해야 한다. 자신의 보호령
중에서 누구에게 치유를 요청할지 선택하고 나서 그 보호령
을 자주 만났던 곳으로 샤먼 여행을 떠나야 한다. 비록 그 보
호령이 직접 치유해주지 못하더라도, 더 나은 실력과 재능을
가진 다른 보호령에게 여러분을 데려가 줄지 모른다.

예를 들어 래리라는 친구는 심한 복통에 시달린 적이
있었다. 음식을 먹어도 소화가 되지 않아 고통이 극심했는
데, 의사를 찾아가도 별 도리가 없었다. 그는 샤먼 여행을 하
며 자신의 지혜의 교사를 찾아갔다. 그 분은 다름 아닌 그의
증조부였다. 지혜의 교사는 그에게 방 바닥에 누우라고 말했
다. 처음 래리는 몸이 공중으로 뜨는 듯하더니, 이어 자신이
무한한 사랑과 빛으로 충만해지는 느낌을 받았다. 지금까지
단 한 번도 경험해보지 못한 평온함이 찾아왔다. 샤먼 여행
을 마치고 몇 달만에 처음으로 통증이 사라진 것이다. 그는
여러 번 샤먼 여행을 하면서 자신이 지속적으로 건강을 유지
하는 비결을 깨달았다. 그 이후로 그는 지혜의 교사인 증조

부의 조언과 지시를 따르며 건강한 삶을 이어갈 수 있었다.

샤머니즘은 질병을 영적인 차원에서 주목하므로 전통 의학이나 심리치료 기법과도 양립하는 면이 있다. 토착 문화에서 샤먼과 의사가 힘을 합쳐 질병을 치료하는 사례는 일반적이었다.

코니는 유방암 진단을 받았다. 그녀는 의사가 조언한 대로 종양 절제 수술과 방사선 치료를 받기로 결정했다. 현대 의술의 도움을 받으면서도 그녀는 자신의 신성 동물인 벌새에게 찾아가 도움을 요청했다. 그러면서 그녀는 자신의 샤먼 여행에 꿈작업도 병행했다. 벌새는 그녀에게 가슴을 본뜬 모형을 만들고 거기에 치유 이미지를 그려 넣으라고 조언해 줬다. 그게 효과가 있었는지 일주일도 안 돼 그녀는 자신처럼 유방암 진단을 받은 여성들을 상대로 그 치료법을 소개하는 워크숍을 진행해 달라는 제안을 받았다.

데일은 제조 공장에서 근무했는데, 그 곳에서는 다른 직원들과 사이좋게 지내는게 힘들었다. 그는 먼 여행을 하면서 자신의 신성 동물에게 어떻게 하면 좋을지 물어보았다. 신성 동물은 두 개의 돌을 주워와서 각기 다른 색으로 칠한 다음에 주머니에 넣고 다니라고 말해주었다. 그는 그대로 따라했고 별다른 노력없이 동료와의 문제는 순식간에 해결되고 말았다. 이는 이성적인 사고로는 도무지 해명하기 힘든 이런 신비 의식이 어떻게 삶의 변화와 심신의 치유를 가능하게 하는지 엿볼 수 있는 사례이다.

샤먼 여행 중에 사지절단(dismemberment)이라는 독특한 경험이 있는데, 이는 잘 알려진 영적 치유의 한 방법이다. 이는 곰이나 독수리같은 동물이나 거센 바람같은 자연의 위력에 의해 우리의 신체가 산산조각나는 경험이다. 이로써

그토록 아팠던 부위가 제거되고 건강한 살과 뼈로 우리의 신체가 재건된다. 보호령에게 치유를 요청하면 사지절단의 경험이 흔하게 벌어진다. 끔찍하게 들리지만 이를 체험한 사람들은 한없는 평화와 사랑을 느꼈다고 고백한다.

수잔은 가족 중 한 명을 잃고 크나큰 고통에 시달렸다. 그녀는 자신의 신성 동물을 만나서 상실감을 치유받으려고 샤먼 여행에 나섰다. 당시 그녀의 신성 동물은 말이었다. 말은 곰에게 사지절단 작업을 부탁했다. 그리고 곰은 그녀의 신체를 산산조각 내서 심장을 꺼냈고 고통받던 상처를 치유하고는 다시 그녀의 몸에 집어 넣었다. 수잔은 이 샤먼 여행 후에 이루말할 수 없는 평온한 감정을 느꼈다.

사지절단 여행은 영적 수행에 들어선 사람을 상징한다고 믿어왔다. 우리의 신체와 자의식은 우주의 생명력으로부터 분리되고 고통받는 신세로 전락했다. 사지절단 경험은 그렇게 고립된 신체와 자의식을 일시적으로 분해해서 우리 인간이 단지 육체에 불과한 존재가 아니라 모든 생명과 연결되어있는 존재의 대연쇄(the great chain) 속에 있음을 각성시켜 준다. 모든 생명과의 합일(unity)을 체험한 사람은 치유의 능력, 혹은 더 심오한 차원의 영적 능력을 가지고 현실로 돌아온다.

치유의 여행을 경험하고 그 효과를 실감했다면 누구나 샤먼 여행을 반복하며 그 치유 효과를 극대화하고 싶을 것이다. 하지만 그 효과가 미비했다면 현실 세계에서 전문적인 치유자를 찾아가 도움을 받는 편이 나을 수도 있다. 치유 효과에 너무 연연하거나 집착하지 않는 사람이어야 한다.

치유 여행은 목적은 여기에만 그치지 않는다. 단순히 하루의 긴장을 풀고 싶어서 하위 세계나 상위 세계의 어느 편안한 장소를 찾아가는 것도 치유 여행을 하는 이유다. 그렇게 치유 여행을 하면 금세 원기를 회복할 수 있다. 가벼운 마음으로 샤먼 여행을 떠나고 삶의 활력을 되찾고 일상으로 돌아오면 된다.

전문적인 치유 여행의 기법이 더 있지만 본 장에서 이를 자세하게 소개하지는 않는다. 국제적으로 다양한 강연과 수업이 진행되고 있으며 그 곳에서 보다 전문적인 치유 기법을 누구나 배울 수 있다✪

Chapter 8
샤먼 여행에 대한
더 많은 이야기

지금까지 미래를 예견하고 심신을 치유하는 샤먼 여행의 목적을 소개했다. 이에 만족하지 말고 나는 여러분이 이 위대한 지구를 함께 살아가는 다른 정령들도 만났으면 한다. 동물, 새, 식물, 나무, 바위, 곤충, 물고기, 파충류에 이르는 다양한 정령들을 말이다. 이제 막 샤먼 여행을 시작한 사람들은 샤먼 여행 자체는 좋지만 정작 여행의 목적이나 질문을 구체적으로 떠올리기 어렵다고 말한다. 그래서 여러분이 샤먼 여행을 하며 탐구해볼 만한 주제들을 나름 정리해 보았다. 여러분 스스로 궁금한 주제가 있다면 아래 목록에 추가하고 선택한 주제에 맞추어 본격적인 샤먼 여행을 떠나보자.

상징을 해석하고
의미를 파악하는 여행

- 꿈의 해석을 요청한다. 다음과 같은 질문 형식이 도움이 될지 모른다. "이 꿈에서 내가 꼭 잊지 말아야 할 의미는 무엇인가요?"
- 샤먼 여행 중에 내가 미처 이해하지 못한 상징이나 이미

지의 의미 혹은 메시지는 무엇인가요?

- 숲이나 강가 같은 자연 속에서 산책을 하다 경험한 어떤 징조나 단서는 무엇인가요?
- 이렇게 힘든 시절에 삶이 내게 베푸는 교훈이나 선물은 무엇인가요?

과거를 기억하고
과거를 위로하는 여행

- 자신의 선조를 만나게 해달라고 요청한다.
- 여러분이 평생 간직하게 될 선조의 장점이나 재능이 무엇인지 알려달라고 요청한다. 우리는 자주 선조로부터 물려받지 못한 결핍에만 주목하게 된다. 하지만 적자생존의 원리에 따라 우리는 대대로 선조의 강점을 타고난다. 부모 양가로부터 물려받은 바로 그 장점을 유심히 살펴본다. 특히 입양아로 성장하거나 선조의 역사에 무지한 사람에게 샤먼 여행은 분명한 치유의 효과를 보여준다.
- 자신과 주변 세계가 어떻게 창조되었는지 알고 싶다면 자신의 보호령에게 그와 관련한 창조 신화나 이야기를 보여달라고 요청한다.
- 세상을 떠났지만 여전히 사랑하는 사람의 영혼을 하위 세계나 상위 세계에서 만나게 해달라고 요청한다. 미처 다하지 못한 말을 그들에게 전할 수 있게 말이다. 소중한 사람의 죽음으로 상처받은 마음을 달래는데 크나큰 도움이 된다.

영적, 심리적 또는 의학적 도움을 받은 후
삶의 균형을 회복하는 데
필요한 여행

- "현재의 삶에 어떤 변화를 주어야 서서히 건강한 삶을 유지하거나 지금의 회복기에 도움이 될 수 있나요?"
- "현재와 미래의 삶을 긍정적으로 창조하려면 나의 창조 에너지를 어떻게 활용해야 하나요?"
- "어떻게 하면 내 삶의 의미와 열정을 되찾을 수 있을까요?"
- 분노, 공포, 슬픔, 좌절처럼 부정적인 감정 에너지를 변화시키고 싶습니다. 그러려면 하루 중에 실천할만한 단순하고 분명한 수행법이 따로 있을까요?"
- 이제 더 이상 도움이 되지 않는 나만의 개인적인 신화나 인생 이야기는 무엇이나요?"

자연과
연결되기 위한 여행

- 자연 세계와 만나고 소통할 목적으로 샤먼 여행에 나서라.
- 크리스탈이나 다른 사물을 찾아 여행하고, 이런 광물을 어떻게 활용하면 되는지 배워본다.
- 현재 거주하는 지역이나 도시의 정령을 만나고 그 정령 에너지에 관해 배우기 위한 여행을 떠난다. 물론 거주하는 장소가 아니라도 더 알고 싶은 장소의 정령을 만나기

위해 여행을 떠나도 좋다.

- 달의 주기와 변화, 그리고 그것이 당신에게 미치는 영향에 관해 배우기 위해 달로 여행을 떠난다.
- 계절의 변화와 그것이 당신에게 미치는 영향을 배우기 위해 여행을 떠난다.
- 자연의 변화에 발맞추어 자신의 삶을 계획하고 조정하는 방법을 배우려고 여행을 떠난다.
- 물의 위력과 영향을 배울 수 있도록 물이 있는 곳으로 여행을 떠난다.
- 하늘의 별에 대해 배울 수 있도록 별로 여행을 떠난다.
- 자신의 집이나 정원에 침입하는 벌레나 설치류의 정령과 만나 그들과 타협한다.
- 날씨의 정령을 만나고 배우기 위해 여해을 떠난다.
- 흙, 공기, 물, 불의 정령들을 만나러 여행을 떠난다.
- 태양의 위력을 배우고 어떻게 태양 에너지가 모든 생명체를 번성하게 만드는지 배우기 위해 여행을 떠난다.

다양한 의식을 창조하고
수행하기 위한 여행

- 두려움이나 분노 혹은 창의력을 가로막는 장애물이 있다면, 이런 부정적인 감정에서 해방되고 그 감정들을 변형시키는데 필요한 의식을 요청한다.
- 꿈이나 소망을 실현하는데 적합한 의식을 요청한다.
- 월경, 폐경, 결혼, 이사, 또는 이직처럼 삶의 중요한 계기를 기념하는데 필요한 의식을 요청한다.

- 사랑하는 사람에게 애도를 표하거나 작별하는데 필요한 의식을 요청한다.
- 가족이나 동료를 기념하는데 적합한 의식을 요청한다.
- 여러분의 삶에 행복과 건강이 깃들 수 있는 의식을 요청하라.
- 계절의 변화에 감동하고 이를 기념할 수 있는 의식을 요청한다.

사람과 사회 문제를
고민하는 여행

- 사랑하는 사람, 친구, 가족, 또는 동료와의 갈등을 해결할 수 있게 도움을 요청하라.
- 여러분이 근무하는 업체나 조직의 신성 동물을 만나게 해달라고 요청한다. 어떻게 조화와 균형을 회복하고 유지할 수 있을지 신성 동물에게 물어본다.
- 과제나 프로젝트를 창의적으로 진행할 수 있게 도와달라고 요청한다.
- 지인이나 가족의 신성 동물과 만나게 해달라고 요청한다.
- 말의 힘, 즉 우리가 내뱉는 단어의 파장과 의도가 어떤 식으로 치유 효과와 마음의 평안을 가져올 수 있을지 물어본다.
- 사회적 재앙과 고통을 치유하는데 자신이 어떤 도움을 줄 수 있을지 물어본다.
- 환경이나 세상의 문제를 해결하는데 자신이 어떤 도움을 줄 수 있을지 샤먼 여행을 하며 그 실마리를 찾아본다.

- 하위 세계나 상위 세계에 속한 다양한 차원의 풍경을 탐험하고 경험할 수 있도록 샤먼 여행을 시도한다.
- 하위 세계나 상위 세계의 다양한 차원에 존재하는 서로 다른 보호령을 만나기 위해 샤먼 여행을 시도한다. 그 보호령들이 어떤 메시지나 유용한 정보를 여러분과 나누고 싶은지 알아본다 😊

Chapter 9

공동체와 함께 하는
샤먼 여행

샤먼 여행을 함께 하며 각자의 경험을 공유하는 여행 공동체가 각국에 존재한다. 이들 여행 공동체는 강한 공동체 의식은 물론 다른 사람들이 목격한 내용을 공유하기도 한다. 여행 공동체의 구성원들은 자신은 물론 타인의 문제 해결을 위해서도 샤먼 여행에 나선다. 만일 여행 공동체에 속한 지인에게 자신을 대신해 샤먼 여행을 해달라고 부탁한다면 자신의 샤먼 여행에서는 좀처럼 얻기 힘든 유익하고 새로운 정보나 지혜를 구할 수도 있다.

　　　일부 샤먼 공동체는 지구적인 문제나 중요한 사회 문제처럼 공통의 문제를 두고 단체로 샤먼 여행에 나선다. 예를 들어 한 지역이나 국가의 심각한 기후 변화나 많은 이들이 우려하는 사회 문제를 해결하기 위해서 말이다. 또한 다수의 샤먼 공동체들은 계절이나 달의 변화에 주목하고 이를 기념하거나 혹은 공동체의 결속을 강화하는 의식이나 행사를 마련하고 싶어서 단체로 샤먼 여행을 하며 각자 질문하고 필요한 해답을 구한다. 다시 말해, 여행 공동체의 구성원들 모두가 샤먼 여행에 나서고 각자 자기만의 정보나 해답을 전수받는다. 그리고 다시 이 정보와 해답들을 종합하고 공유하면서 여행에 참여한 구성원 모두가 새로운 영감과 지식을 터득한다. 구성원들이 수집한 정보나 해답을 들여다보면 거기에는 일종의 유사성(similarities)과 동시성(synchronicities)이 돋보이는 경우가 있다. 그렇다면 이는 매우 중요한 의미를 전달해준다고 믿어도 좋다.

아무리 의도가 좋아도 샤먼 공동체 구성원들은 일주일에 한번씩 만나 단체로 샤먼 여행에 나서는건 힘들다고 한다. 다양한 여행 공동체의 경험에 따르면 한달에 두 번을 만났을 때 성과가 가장 좋았고, 그래야 꾸준하게 참여할 수 있다고 한다. 또한 오랜기간 지속적으로 만나는 여행 공동체는 지역이나 지구적 차원의 문제만이 아니라 구성원 각자의 문제를 해결하기 위해서도 기꺼이 협조한다는 사실을 알게 되었다. 이런 여행 공동체는 모임 전체에 영향을 주는 문제뿐 아니라 개인들의 고유한 문제를 해결해나가는 진정한 공동체로 성장하게 된다.

여행 공동체에 참여하는 분들에게 한가지 주의 사항을 당부하고 싶다. 자신이 전수받은 정보나 해답을 다른 사람이 받은 것과 비교해서는 안 된다. 해답을 두고 비교를 하다보면 늘 자신보다 더 나은 해답을 받은 사람이 있는 것 같고, 결국 공동체 내부에서 시기와 질투심이 촉발되는 사례가 자주 있다. 샤먼 여행의 경험과 방식은 어느 것이 더 좋다기보다는 각자의 상황과 수준에 맞추어 고유한 방식으로 체험된다. 이런 차이를 이해하고 존중하는게 가장 바람직하다.

만일 여행 공동체 경험이 없다면 일부 친구나 지인들과 함께 시작하는게 좋다. 그렇게 해서 주변에 자신의 여행 공동체를 만들어가면 된다. 평소에는 자신 스스로 샤먼 여행을 하고 2주마다 여행 공동체에 참여해 단체로 샤먼 여행에 나서면 된다.

샤먼 여행은 개인과 공동체의 삶 속에서 치유를 경험하고 조언을 전해듣는 탁월한 도구이다. 다양한 정령들이 의미와 기쁨과 열정으로 가득 찬 인생을 창조하도록 우리를 이끌어준다. 이제 우리는 물질 세계에 국한된 존재라는 그 오래된 마법에서 막 깨어나기 시작했다. 이제 우리는 모든 생명과 생명의 순환에 발맞추어 춤을 추기 시작한다. 이제 우리는 불안과 생존 경쟁의 삶에서 벗어나 세상에 드러나는 존재로 변모하기 시작한다.

우주와 선한 보호령이 당신을 사랑으로 감싸 안는다. 마음을 열어 그들이 당신에게 건네주는 사랑과 지혜와 치유의 기쁨을 받아들이라. 그렇게 당신은 자신의 인생을 바꿀 수 있고, 샤먼 여행이 가져다준 생각과 마음의 변화를 통해 이 세상까지 변화시킬 수 있다 ✿

Chapter 10
저자 Sandra Ingerman에 관하여

이 책의 저자 산드라 잉거만은 1970년대 중반 서구 사회에서 샤머니즘의 관심을 촉발시킨 마이클 하너 박사의 제자로 1985년 그가 설립한 비영리 단체 샤머니즘 연구 재단(the Foundation for Shamanic Studies)에서 교육 책임자로 활동했다. 하너 박사와 함께 코어 샤머니즘(core shamanism)의 이론을 정립하고 실천하는데 기여했던 산드라 잉거만은 고대 샤머니즘의 지혜와 치유 효과를 오늘날 현대인들이 충분히 활용할 수 있는 생활의 도구로 변모시키기 위해 노력해왔다.

하너 박사가 정립한 코어 샤머니즘은 시대와 문화 그리고 전통의 차이에도 불구하고 샤머니즘에 깃든 공통의 요소들을 선별하고 종합해서 한 개인의 감정과 이성 그리고 영성이 직면하는 다양한 차원의 문제를 해결할 수 있는 치유와 회복의 실천 원리라고 할 수 있다.

산드라 잉거만은 코어 샤머니즘의 원리와 실천을 적극적으로 대중화시키면서, 일상적인 의식 세계에서 벗어나 비일상적 현실속으로 진입하는 샤먼 여행(shamanic journey)의 개념을 수 많은 대중에게 전파한 인물이다. 샤먼 여행을 통해 누구나 심신의 위기 속에서 자신을 지켜주는 보호령(helping spirits)을 만날 수 있고, 전통적인 샤먼이 여행하는 하위 세계와 상위 세계에 들어가는 방법을 터득해서 보다 숭고한 삶의 지혜와 조언을 전해주는 자신만의 신성 동물(power animal)과 지혜의 교사(teacher)를 만날 수 있다. 그렇게 샤먼 여행은 우리 각자의 인생의 목적과 의미를 재조정하는 기회를 제공한다.

『샤먼의 여행: 입문자를 위한 안내서』는 산드라 잉거만이 샤먼, 영성, 치유와 회복이라는 주제를 바탕으로 본격적인 샤먼 여행의 절차와 기법을 구체적으로 설명하는 그녀의 대표작이다. 이 책을 읽는 독자 누구라도 자신의 내면 세계를 더 깊이 탐구하고 외부 현실을 더 잘 이해할 수 있을 것이며, 샤먼 여행의 정수를 올바르게 터득하고 체험할 수 있을 것이다. 도드라진 내면의 상처와 어긋난 현실의 기대로 고통받는 당신이 이 책의 독자라면 샤먼 여행을 통해 신성한 우주와 은혜로운 자연이 결국 나 자신과 하나였다는 사실을 깨닫기를 소망한다 😊

부 록

Sounds True
사운즈 트루

사운즈 트루는 영적인 지혜를 전파한다는 소박하지만 분명한 비전으로 1985년 콜로라도 덴버시에 설립된 출판사다. 개인의 의식 성장과 영성 개발에 헌신해온 사운즈 트루 출판사는 명상, 요가, 영성, 심리학, 샤머니즘을 기반으로 해당 주제의 전문가들이 참여하는 세분화된 교육 과정을 운영하고 관련 서적을 지속적으로 출간하고 있다. 사운즈 트루의 취지에 공감하고 소중한 인연을 맺었던 지혜의 교사들로 달라이 라마, 에크하르트 톨레는 물론 이 책 『샤먼의 여행: 입문자를 위한 안내서』의 저자인 산드라 잉거만이 있다. 현재도 영성 지도자, 심리 철학자, 내면 치유자, 창의적인 예술가 등 다양한 분야의 전문가들이 사운즈 트루와 협업하며 교육과 출판을 통해 출판사의 설립 취지에 맞추어 전세계에 영적 지혜를 전파하고 있다.

공식 웹사이트(www.soundstrue.com)에 접속하면 보다 자세한 내용과 필요한 정보를 확인할 수 있다. 수신자 부담 전화 번호는 800-339-9185이며, 우편 주소는 The Sounds True Catalogue, P. O. Box 8010, Boulder Co 80306이다.

북소리 유튜브
소개

youtu.be/
MTjl5QoQ98g

youtu.be/
y7bmrcVDRnI

youtu.be/
watch?v=
bgtjvpCiQUY

youtu.be/
watch?v=
WqrBfyCQ0lQ

134

youtu.be/
watch?v=
jDYv09xtN0k

youtu.be/
zQGiNikvReI

Writer's Voice
옮긴이의 말

'샤머니즘' 만큼 친숙하면서도 낯선 용어는 잘 없을 것이다. 태고의 종교이며, 종교 이전의 인류의 의식과 무의식 세계를 지배한 신화적 세계이면서도, 정작 샤머니즘이 무엇인지에 대해서는 그저 인류학의 연구 주제로만 남아 있다. 현대 문물의 세계, 계몽의 세계에서 조금만 뒷걸음질을 쳐보면 우리는 신화의 세계로 들어갈 수 있다. 칼 융이 분석심리학에서 시도한 집단 무의식의 세계, 조지프 캠벨이 보여준 거대한 빙산의 몸통 등 그 모든 것들이 신화의 세계의 입구이다. 그리고 마이클 하너(Michael Harner)가 있다. 마이클 하너는 인류학자로서 전통 샤머니즘을 연구하다 그 스스로 샤먼이 된 인물 중의 하나이다. 그는 전 세계에 퍼져 있는 샤먼 전통의 핵심 요소들을 정제해 핵심 샤머니즘(core shamanism)이라는 이론을 만들어냈다. 구석기 시대부터 지금까지 모든 인류가 수행해온 공통된 핵심 요소가 있었던 것이다. 이 핵심 샤머니즘과 함께 네오 샤머니즘의 시대가 열렸고, 전 세계의 수많은 현대인들은 그것을 탐구하고 수행하며 신화의 세계에 발을 걸치기 시작했다.

이 책의 저자 산드라 잉거만도 그 샤먼 수행자 중 하나이다. 그는 단지 신비로움, 호기심의 차원이 아니라 실제 현대인이 처한 정신적 우울과 무기력, 신체적 고통, 삶의 괴로움을 샤먼의 여행으로 해결할 수 있다고 말한다. 거센 북소리를 듣는 것으로 우리는 뇌파를 변화시킬 수 있고 그 변화된 뇌파는 변성의식 상태로 우리를 데리고 간다. 그리고 그 상태에서 우리는 만물의 정령과 어머니 대지를 만날 수 있다. 삼차원의 물리 세계는 더 고차원의 영적 세계와 수없이 중첩되어 있는 것이다. 그리고 영적 세계의 정령들은 기꺼이 우리를 위로해준다.

산드라 잉거만은 삶의 큰 문제부터 사소한 자동차 수리 문제까지 자신의 보호령에게 도움을 구하며 함께 삶을 살아간다. 그리고 그렇게 정령 혹은 영성과 함께 하는 삶이 얼마나 우리를 풍요롭게 해주는 지 모두가 느낄 수 있는 세상이 되기를 바라고 있다. 그의 샤머닉 센터에서 수행한 이들은 단 한 사람도 샤먼 여행에 실패하지 않았다고 한다. 끈기를 가지고 요청하고 수행하면 우리는 우리보다 더 큰 세상, 더 넓은 차원에 반드시 접속할 수 있는 것이다. 그리고 그제서야 우리는 블레이크와 예이츠의 신비의 세계가, 캠벨과 융의 신화의 세계가 상상의 산물이 아니었음을 깨닫는다 ☻

샤먼의 여행: 입문자를 위한 안내서

1판 1쇄 펴냄 2023년 6월 5일

지은이   산드라 잉거만
펴낸이   라성일
옮긴이   이경인
편집   이경인
디자인   정지영

출판등록 2022.6.23 (제2022-000073호)
서울특별시 서초구 마방로 10길 25, A-506
편집주간 010-8568-7094
Fax (02)6499-1483
www.peramica.com
e-mail linolenic@hanmail.net
Instagram @publisher_peramica
ISBN 979-11-982195-1-0